PAID Â DEUD

Eigra Lewis Roberts

PAID Â DEUD

Gomer

I Cit a Gruff,
Mary, Florence, Luned ac Arthyr,
Beth, Emma a'r lleill i gyd.
Ac yn arbennig i Llew.

———————————

Cyhoeddwyd yn 2011 gan
Wasg Gomer, Llandysul, Ceredigion SA44 4JL.

ISBN 978 1 84851 448 5

Dymuna'r cyhoeddwyr gydnabod cymorth Cyngor Llyfrau Cymru.

Argraffwyd a rhwymwyd yng Nghymru gan
Wasg Gomer, Llandysul, Ceredigion.

Cynnwys

Di-deitl 7

Bofe da 19

Aelwyd fenthyg 29

Allan o gyrraedd 41

Cyw o frid? 53

Cariad bach 65

Mor browd 77

Adar caeth 87

Prydau parod 101

Dallt ein gilydd 113

Ddim rhy hwyr 123

Taw pia hi 133

Cân di bennill fwyn i'th nain
A chân dy nain i tithe

Di-deitl

NEWYDD SETLO i lawr am y nos yr oedd hi pan glywodd sŵn traed ei gŵr ar y grisiau. Y munud nesaf, roedd y drws yn cael ei hyrddio'n agored. Tynnodd y cwilt dros ei phen. Gallai deimlo'r gwely'n ysgytian wrth iddo'i ollwng ei hun yn glewt ar yr erchwyn.

'Cit!'

Teimlodd chwa oer ar ei hwyneb. Roedd o wedi codi cwr y cwilt ac yn rhythu arni dros ei ymyl, ei lygaid yn disgleirio yng ngolau'r lleuad lawn. Credai rhai pobol fod cŵn yn mynd yn orffwyll ar nosweithiau fel hon. Ac nid cŵn yn unig. Ond roedd hi'n lleuad lawn ar Gruff bob nos ers wythnosau, o ran hynny.

'Mae hi bron yna, Cit.'

'Pwy? Yn lle?'

'Y bennill ola 'na.'

'Gwrywaidd ydi pennill. Y llinall hon, y pennill hwn.'

'Mi fydd raid i mi gofio hynna. Glywist ti be ddeudis i? Dim ond un llinall i orffan.'

'Faint sydd gen ti o gerddi rŵan?'

'Pump, efo hon. Mi fydda gen i hannar dwsin tasat ti heb ddeud nad ydi "llun" a "gwyn" ddim yn odli.'

'Ddylwn i ddim fod wedi busnesa.'

'Ond chdi sydd wedi cael coleg, 'te, ac yn gwbod be sy'n iawn.'

Hi oedd yr un gyntaf o'r pentref i fynd i goleg. Petai wedi cael ei dewis yn frenhines y carnifal, ni fyddai wedi cael mwy o sylw. Roeddan nhw wedi tyrru i'r stesion i'w gweld hi'n cychwyn am Fangor, a phawb yn baglu dros draed ei gilydd er mwyn cael ysgwyd ei llaw a dymuno'n dda iddi. Ei mam yn gwenu fel na welsai mohoni'n gwenu na chynt na chwedyn, ac yn aros i'r 'Hwrê' ddistewi cyn cyhoeddi, 'Mi 'dan ni mor falch ohoni hi,' a'i thad, a dagrau yn ei lygaid, yn amenio efo'i ben.

Ond eu siomi nhw wnaeth hi, ar waetha'r radd na fyddai Mam byth yn ei hanghofio wrth gyfeirio llythyr ati, drwy droi ei chefn ar bob darpar weinidog ac athro, ac ambell ddarlithydd hefyd, a dewis priodi postmon. Cyn pen dim, roedd hi hefyd wedi cefnu ar yrfa addawol i fod yn wraig tŷ ac yn fam i'w ferch.

'Wyt ti am roi'r gora iddi am heno?'

'Ddim nes bydda i 'di gorffan y be . . . y pennill 'na.'

Dyn y gwely cynnar a'r codi bore oedd Gruff cyn iddo ymddeol. 'Be dw i'n mynd i' neud drwy'r dydd, d'wad?' holodd, drannoeth y diwrnod cyntaf hir hwnnw. Dyna pryd y dylai hi fod wedi'i atgoffa o'r lawnt a'r borderi blodau. Ond ni chawsai fawr o gyfle i hynny. Pan ddaeth i lawr o'r llofft y trydydd bore, roedd o'n eistedd wrth fwrdd y gegin yn chwalu drwy bentwr o bapurau oedd wedi melynu ac yn drwch o frychni tamprwydd.

'Be aflwydd ydi'r rheina?' holodd.

'Dŵad o hyd iddyn nhw yn yr atig wnes i. Penillion Taid, yli.'

'Eos y Nant.'

'Enw da, 'te? Roedd o'n dipyn o foi, 'sti.'

O, oedd, yn ôl yr hyn a glywsai gan ei mam yng nghyfraith. Ond yn dipyn o fardd, o, nag oedd. Ac am yr enw da! – brân yn crawcian oedd yr eos hwnnw, hen dderyn corff oedd wrth ei fodd yn claddu pawb â geiriau.

'Mi fydda Nain yn troi yn 'i bedd tasa hi'n gweld yr olwg sydd arnyn nhw.'

Go brin y byddai dim yn tarfu ar yr hedd, perffaith hedd na chawsai honno ddim ohono yn ystod ei hoes.

'Mae gen i gwilydd, 'sti.'

'Anghofia amdano fo.'

'Ond dyna ydw i wedi'i neud, 'te? Nid pawb sy'n cael y be-ti'n-galw o fod yn ŵyr i Fardd.'

'Braint? Anrhydedd?'

'Ia. A rŵan mae gen i gyfla i neud i fyny am hynny. Wn i na ddo i byth i sgidia Taid . . .'

'Gobeithio ddim.'

'Ond mi dw i am roi cynnig arni.'

'Cynnig ar be?'

'Sgwennu penillion.'

Rhoddwyd cerddi'r Eos i orffwys yn barchus mewn drôr, fel pentwr o gerrig beddau: yr holl farwnadau oedd yn orlawn o nadau, er nad oedd eu hawdur yn debygol o fod wedi colli'r un deigryn na'r un dafn o chwys uwch eu pennau.

Dioddefodd Cit yn dawel am rai dyddiau, gan groesi'i bysedd a gobeithio'r gorau. Gadael iddo oedd y peth callaf, er ei bod hi'n gweld colli'r boreau braf pan fyddai pob dim oedd ei angen wedi'i wneud a hithau'n rhydd i eistedd yn ei chegin i synfyfyrio. Bellach, nid oedd ganddi fwrdd i eistedd wrtho nac eiliad o lonydd i hel meddyliau, wrth iddi ateb un cwestiwn ar ôl y llall – 'U 'ta y? Un n 'ta dwy? Hi ydi awyr, ia? Oes 'na rwbath yn odli efo coed?' Roedd golwg wyllt arno, ei wallt ar chwâl a'i wefusau'n ddu las. Dim ond gobeithio y byddai'n chwythu'i blwc cyn iddo ddechrau tynnu'i wallt o'i wraidd ac i wenwyn yr inc andwyo'i stumog.

Eistedd wrth y bwrdd yr oedd o, yn sugno'r beiro, a llanast o bapurau o'i flaen pan alwodd Gwyneth, merch ei tad, heibio a'i gwynt yn ei dwrn, fel arfer.

'Be ydach chi'n 'i neud, Dad?' holodd.

'Sgwennu penillion. Am neud llyfr ohonyn nhw.'

'Go dda chi. 'Fath â'r Hen Geiliog, fel bydda Nain yn 'i alw fo, ia?'

'Eos y Nant, 'te.'

'Deryn y nos oedd hwnnw,' ebychodd Cit, gan syllu mewn anobaith ar y bwrdd blêr a'i gŵr blerach. 'Dy dad ddaeth o hyd i'w gerddi o yn yr atig.'

'Ond maen nhw wedi cael lle o barch yn y drôr 'cw rŵan.'

'Mi fydda'n falch ohonoch chi, Dad. Fel dw inna.'

Goleuodd wyneb Gruff. Estynnodd am un o'r papurau, ac meddai'n gyffrous,

'Be w't ti'n 'i feddwl o hwn?'

'Waeth i chi heb â gofyn i mi. Dydw i'n da i ddim am odli a sbelio a rhyw gybôl felly.'

Gwelodd Cit y golau'n diffodd wrth i Gruff daflu'r papur yn ôl i ganol y llanast. Dylai wybod yn well na mynd ar ofyn Gwyneth. Ond roedd o'n gwenu'n glên ar honno ac yn dweud, heb swnio fymryn dicach,

'Hidia befo. Mi neith dy fam ofalu fod pob dim yn iawn. Ond os oes gen ti funud i' sbario.'

Roedd o'n temtio ffawd, unwaith eto. Be oedd ar ei ben o, mewn difri? Torrodd Cit ar ei draws i geisio'i arbed rhag achosi mwy o ofid iddo'i hun drwy gael ei wrthod.

'Gad lonydd iddi. Fedar hi ddim fforddio gwastraffu amsar.'

Anwybyddodd Gwyneth y sylw, a throi at ei thad.

'Be oeddach chi am 'i ddeud?'

'Isio enw – teitl – i'r llyfr dw i.'

'Ydi hi ddim braidd yn fuan i hynny, Gruff?'

Edrychodd Gwyneth dan ei chuwch ar ei mam.

'Be ddaru'r hen dderyn alw 'i un o?'

'*Cerddi Eos y Nant*, ond chafodd o ddim byw i'w weld o mewn print, gwaetha'r modd.'

'*Cerddi Gruff y Post* ddyla hwn fod, felly.'

'Be w't ti'n 'i feddwl, Cit?'

'Os oedd *Cerddi* yn ddigon da i feirdd o safon fel Parry-Williams a Williams Parry a Cynan . . .'

'Pob dim wedi'i setlo, 'lly.'

Roedd Gwyneth eisoes ar ei ffordd allan, wedi gwneud ei thro da am y diwrnod, un oedd yn golygu na fyddai unrhyw bwrpas bellach mewn croesi bysedd na byw mewn gobaith. Ni chymrodd Cit arni glywed Gruff yn gofyn, 'Be sy'n odli efo tlawd, d'wad?'

Aeth i ddilyn Gwyneth, ac unwaith roedden nhw allan o glyw Gruff, meddai,

'Oedd raid i ti 'i annog o i sgwennu'r tipyn penillion 'na?'

'Oes raid i chi fod mor ddifatar?'

''Neith dy dad byth fardd, mae arna i ofn.'

'Ac mi dach chi'n gwbod hynny, hefyd, fel pob dim arall?'

'Dydi colli cwsg a sugno inc o ddim lles iddo fo. Mae'r lawnt angan 'i thorri a'r borderi angan 'u palu, yn barod at y gwanwyn.'

'Mi fedrwch chi ofalu am y rheiny, siawns.'

A mynd ati i dorri a phalu wnaeth hi, nid oherwydd Gwyneth, ond er ei mwyn ei hun. Be fyddai gan honno i'w ddweud petai wedi cyfaddef na allai oddef edrych ar y llwyn drain o wallt a'r gwefusau piws? Allan yn yr ardd, ac arogl pridd yn llenwi'i ffroenau, roedd hi eto'n rhydd i hel y meddyliau nad oedden nhw, yn wahanol i'r borderi, erioed wedi dwyn ffrwyth. Blynyddoedd o hel meddyliau, wrth baratoi prydau, golchi, smwddio, heb ddim i'w ddangos amdanynt ond platiau gweigion i'w hail-lenwi a'r un dillad i'w golchi, drosodd a throsodd. Y nodiadau y bu'n ymlafnio uwch eu pennau mewn bocs yn yr atig, wedi melynu a brychu, fel cerddi Eos y Nant. A hithau heb falio yn eu cylch na gweld eu colli, cyn belled â'i bod yn gallu dal ei gafael ar y geiriau oedd yn gwau drwy'i meddyliau. Cael mynd i'w dilyn at Ffynnon Felin Bach a gadael i'r dafnau rhiniol dreiglo rhwng ei bysedd. Cerdded dan fwa plethedig y Lôn Goed heb weld angen yr un enaid cytûn, a chrwydro llymder anial Eryri heb flino. Canu'n iach, dro ar ôl tro, i'r ferch a'r llygaid di-saf ar y cei yn Rio, wylo'r tu mewn wrth weld y cnu cyrliog yn y llaid, a chwerthin wrth deimlo'r gwynt yn drysu'i gwallt ar Graig yr Allt. Crawcian caridýms o frain a Lladin tylluanod yn llenwi'i chlustiau, arogl gwyddfid a chlychau'r gog yn ei ffroenau, a blas mefus gwyllt ar ei thafod. A'r cyfan yn eiddo iddi hi. Ond am ba hyd?

Pan âi am y gegin, y syched wedi'i threchu, byddai llu o gwestiynau'n galw am ei sylw a Gruff yn holi, 'Sut gwydda Taid be oedd be, d'wad, a fynta heb gael dwrnod o goleg?'

'Fydda hynny ddim wedi gneud tamad o wahaniath i ddyn oedd yn benderfynol o ddilyn 'i lwybyr 'i hun, ac i'r diawl â phawb arall.'

'Gormod ar 'i feddwl oedd ganddo fo, 'te. Yli'r holl waith mae o wedi'i adal ar 'i ôl.'

Cafodd ei themtio i ychwanegu, 'Yn ogystal â'r holl blant siawns,' ond parodd yr olwg druenus oedd arno iddi ddal ei thafod.

Un diwrnod mentrodd awgrymu, rŵan fod y gwanwyn ar ei ffordd, eu bod yn galw yn y Ganolfan Arddio. Mynnodd yntau nad oedd wedi cael cyfle i baratoi'r borderi.

'Mi dw i wedi gneud hynny, Gruff.'

'W't ti, wir? Ia, dos di draw. Mi wyddost be sydd 'i angan.'

Oedd, yr oedd hi yn gwybod, ond pa bleser oedd 'na mewn crwydro o gwmpas fel adyn? Gallai gofio Gruff yn dweud y llynedd, wrth iddo wthio'r troli llawn yn ôl at y car, 'Mi fydd yr ardd 'cw'n ddigon o sioe, 'sti.' A'r ddau'n dychwelyd adref i rannu'r cynnwrf o greu paradwys fach efo'i gilydd. Gwanwyn yn llawn gobaith oedd hwnnw, a'r addewid o wanwynau i ddod, pan gâi Gruff iddi ei hun, yn ddigon i'w chynnal.

'Lle mae'r gŵr heddiw?' holodd y perchennog. 'Rhy brysur ar

ôl ymddeol, ia?' Ia, yn rhy brysur. Y Gruff hwnnw y dewisodd hi ei briodi, ei wallt heb flewyn o'i le a'i wefusau'n binc iach, heddiw, a phob heddiw arall, yn trin geiriau yn lle blodau, ond heb allu dotio atyn nhw na nabod y chwyn.

Nid oedd hithau mewn hwyl i ddotio, na hel meddyliau chwaith, heb neb i rannu'r pleser o weddnewid y border bach yn ddigon o sioe. Yno, ar ei phen ei hun yn yr ardd yr oedd hi pan glywodd sŵn traed yn dilyn y llwybr o'r tŷ. Gollyngodd ei gafael ar y fforch, a chroesi'i bysedd cyn dweud,

'Dydw i'n cael fawr o hwyl arni. Mi fedra i neud efo dy help di, Gruff.'

Cododd ei phen yn araf i weld Gwyneth yn rhythu i lawr arni.

''Neith hyn mo'r tro, Mam. Wrth 'y 'ngwaith ddylwn i fod, ers hannar awr a rhagor. Ond fedrwn i ddim gadal Dad ac ynta yn y fath stad.'

'A pha dro da w't ti wedi'i neud tro yma, felly?'

'Yr hyn ddylach chi fod wedi'i neud. 'I annog o i ddal ati. Ond doeddach chi ddim am 'i weld o'n llwyddo, nag oeddach?'

'Dydi hynny ddim yn debygol o ddigwydd.'

'Ddim tra byddwch chi'n pigo beia ac yn mwydro'i ben ynglŷn â dyblu n a rhyw rwtsh felly.'

'Dy dad sy'n mynnu gofyn i mi.'

'Am mai chi ydi'r un sydd wedi cael coleg ac yn gwbod be sy'n iawn.'

'Fo sy'n deud hynny, nid fi.'

'Ac wedi'i ddeud o, hyd at syrffad. Digon i neud i mi roi'r ffidil yn y to cyn dechra, a phenderfynu na fyddwn i byth yn mynd ar eich gofyn chi. Ond mi oedd hynny'n eich plesio chi, 'doedd? Llonydd, dyna'r cwbwl oeddach chi isio. I neud be, Mam?'

'Synfyfyrio, hel meddylia.'

'A be sydd ganddoch chi i'w ddangos am hynny?'

'Dim.'

'A rŵan mi dach chi am rwystro Dad rhag gneud rwbath ohoni.'

Wedi i Gwyneth adael, arhosodd Cit yn ei chwman, fel ci'n swatio ar ôl cael cweir. Pa hawl oedd gan enath oedd wedi mynd i'w ffordd ei hun heb falio am neb i ymyrryd mewn pethau na wyddai ddim amdanynt? Un na welsai erioed unrhyw werth mewn geiriau ac nad oedd cywirdeb iaith ond 'rwtsh' iddi. Picio heibio ar dro siawns ac annog Gruff, oedd mor ddi-glem â hi, i gredu ei fod o'n fardd. Bwrw'r bai arni hi a diflannu'n ôl at ei chowntar, a gadael y llanast iddi hi, fel y llestri a'r dillad budron na fyddai ganddi byth amser i'w clirio a'u golchi.

'Cit!'

Roedd Gruff wedi mentro cyn belled â'r drws ac yn chwilio'n wyllt amdani. Cododd yn drafferthus, ei chymalau wedi cyffio a'i chorff yn brifo drosto. Erbyn iddi gyrraedd y gegin, roedd Gruff yn ei ôl wrth y bwrdd.

'Lle w't ti 'di bod mor hir?' cwynodd. 'Mae Gwyneth yn credu y dylwn i newid y teitl, 'sti.'

'Gad o fel mae o am rŵan.'

'Ond ma teitl yn bwysig, 'dydi? 'Fath â ffenast siop, medda Gwyneth.'

'A be oedd ganddi hi i'w gynnig?'

'Mi w't ti'n siŵr o feddwl am un, medda hi.'

'Falla g'na i, pan fydd y llyfr yn barod, a rwbath i'w roi yn y ffenast.'

'Fydd o byth yn barod. Ma'n ddrwg gen i, Cit.'

''I'r Eos y dylat ti ymddiheuro, 'te, nid i mi.'

'Waeth gen i am hwnnw. Isio i ti fod yn falch ohona i o'n i.'

Ac roedd hi wedi bod yn falch ohono. Nid gwaith yn unig oedd cario'r post i Gruff. Ni fyddai byth yn rhy brysur i rannu gofidiau a chodi calonnau. A phawb yn meddwl fod ganddyn nhw hawl arno fo.

'Anghofio amdano fo ddylwn i, fel deudist ti. Be nath i mi feddwl 'mod i isio bod yn debyg iddo fo, d'wad? Fedrwn i ddim diodda'r hen gythral.'

'Fyddi di byth yn debyg iddo, Gruff.'

'Fydda i byth yn fardd chwaith. Nag isio bod.'

Cythrodd am y papurau oedd ar chwâl hyd y bwrdd.

'Chdi ddyla fod yn sgwennu, nid fi.'

Roedd deunydd un llyfr ym mhawb, meddan nhw. Ond ni theimlodd hi erioed yr ysfa i roi ei geiriau ar bapur. Ei heiddo hi oedden nhw, ac ni allai oddef eu rhannu. Ni fyddai ar yr un llyfr oedd ynddi hi angen ffenestr siop. Fe arhosai'n ddi-deitl am byth, diolch am hynny.

'Mi fedrat ti fod wedi gneud unrhyw beth fynnat ti, Cit.'

'Yn hytrach na gwastraffu 'mywyd yn synfyfyrio a hel meddylia, ia?'

'Ers pryd mae creu cartra yn wastraff?'

'Dyna ydi o, i Gwyneth.'

'Wedi gneud gormod iddi w't ti. Ac i minna. A'r ddau ohonon ni'n gadal y cwbwl i ti. Fi'n rhoi'r holl sylw i'r gwaith a Gwyneth bob amser yn rhy brysur. Yn gneud be, d'wad?'

'Trio bod mor wahanol i mi ag oedd bosib.'

'Hi sydd ar 'i chollad. Mi ddylwn inna fod wedi sylweddoli pa mor lwcus ydw i dy fod ti 'di cytuno i 'mhriodi i.'

'Fi ofynnodd i chdi. A dydw i rioed wedi difaru gneud. Ond ro'n i wedi gobeithio . . .'

'Y gallwn i neud rwbath o werth.'

'Na! Y byddwn i'n dy gael di i gyd i mi fy hun wedi i ti ymddeol o'r gwaith. Ond mi ges i 'ngorfodi i dy rannu di efo'r hen Eos, yn do?'

'Mi fydda'n dda gen i taswn i rioed wedi mynd yn agos i'r atig 'na.'

Mygodd Cit yr awydd i ddweud, 'Yn dda calon gen inna hefyd'.

Roedd yr hen fardd cocos nid yn unig wedi llwyddo i ddiffodd y gobaith, ond wedi dinistrio'r geiriau roedd hi wedi dibynnu cymaint arnynt.

Casglodd Gruff y papurau at ei gilydd yn un pentwr blêr.

'Tân ydi'r lle gora iddyn nhw.'

Pan âi hi ati i glirio'r borderi yn barod i'w hailblannu, roedd yna'n wastad rai blodau'n weddill. Cofiodd Cit fel y byddai'n teimlo ias o euogrwydd wrth iddi eu taflu i'r llosgwr. Yma, yng nghanol y llanast, roedd yna flodau o eiriau, wedi'u tagu gan chwyn, ond yn haeddu cael lle o barch.

Gafaelodd yn y papurau a'u rhoi i orffwys yn y fynwent o ddrôr efo *Cerddi Eos y Nant*.

Arhosodd Gruff yn ei unfan, yn syllu ar y bwrdd gwag, ac meddai'n benisel,

'Wn i'm be fydd gan Gwyneth i'w ddeud.'

Digon, a gormod. Ei beio hi nes cael rhywbeth arall i dantro yn ei gylch. Gwyneth druan, Idris 'Y Lle Bach Tlws', na welsai erioed ryfeddod mewn dim. Yno wrth ei chownter, mewn siop a'i ffenestri wedi'u papuro drostynt fel na ellid gweld i mewn nac allan. Yn rhuthro o gwmpas yn ddigyfeiriad, heb funud i'w sbario a heb fod eisiau rhannu ei byw blêr â neb.

'Ond be wna i o fora tan nos rŵan, Cit? Does 'na ddim byd fedra i 'i neud, ran'ny.'

Estynnodd Cit am gadach tamp a rhwbio'i wefusau nes eu bod yn lliw pinc, iach.

'Rho grib drwy dy wallt.'

'Lle ydan ni am gael mynd, felly?'

'Tyd, mi ddangosa i i ti.'

Oedodd Cit wrth y border hanner gwag.

'Be ddylan ni 'i roi yn fan'ma, Gruff?' holodd

'Chdi sydd i ddeud. Mi gest ti andros o hwyl arni llynadd.'

'Ni, 'te. Chdi a fi, efo'n gilydd. Ac mi fedrwn neud hynny eto.'

''Ti'n meddwl?'

'Does dim angan coleg i wbod hynny.'

Penliniodd y ddau, ochr yn ochr, yr haul yn boeth ar eu gwarrau a'r pridd yn treiglo rhwng eu bysedd.

Trodd Gruff ati a'i lygaid yn disgleirio.

'Ti sy'n iawn. Mi fydd y lle 'ma'n ddigon o sioe, 'sti.'

'O, bydd,' cytunodd hithau, heb orfod croesi'i bysedd na meddwl am ddim.

Aros mae'r mynyddau mawr,
   Rhuo trostynt mae y gwynt;
Clywir eto gyda'r wawr
   Gân bugeiliaid megis cynt;
Eto tyf y llygad dydd
   Ogylch traed y graig a'r bryn,
Ond bugeiliaid newydd sydd
   Ar yr hen fynyddoedd hyn.

Bofe da

Mae'n gas gen i'r byd a'i bobol heddiw. Rydw i'n teimlo fel rhedag allan i'r ardd a gweiddi sgrechian nerth esgyrn fy mhen nes gorfodi Dot drws nesa i stwyrian oddi ar ei chlustog o ben-ôl a galw o ben drws, 'What's up, luv?' Finna'n codi'r caead ar y lobsgows o eiriau sy'n codi camdreuliad arna i, ac yn rhaffu rhegfeydd yn iaith y nefoedd. Ond i be? Falla y byddai cael deud yn cynnig peth rhyddhad ar y pryd, ond pa elwach fyddwn i a hitha heb allu deall yr un gair? Yr unig ffordd o gael Dot a'i thebyg i ddeall fydda benthyca'u hiaith nhw, ond feiddia i ddim gneud hynny. Mae 'na gymaint ohonyn nhw a chyn lleied ohonon ni.

Pan hawliodd y teulu cynta ei le yma, roedd 'na ddigon ohonon ni i allu fforddio estyn croeso iddyn nhw. Cyn pen dim, roedd yna chwiorydd a brodyr, mama a thada, neinia a theidia, wedi dod i'w dilyn a ninna'n dal i wenu'n glên a dotio at eu gallu i ddeud 'Bofe da'.

Rydw i wedi dysgu dygymod â nhw, gan amla, er eu bod wedi dwyn pob dim o werth oedd gen i. Y coed gyferbyn â'r tŷ 'ma oedd y petha dwytha i fynd. Tad Dot, un fydda'n gwerthu Kate ei wraig petai rhywun ddigon gwirion i roi cynnig amdani, sy'n gyfrifol, a hynny heb ofyn caniatâd neb. A rŵan mae'r Kevin bach 'na'n mynd o gwmpas y pentra, yn eu gwerthu nhw'n goed tân. Wn i ddim be wna i os daw o yma. Prynu bwndel neu ddau, mae'n debyg. Dim ond hogyn bach ydi o, ac nid arno fo mae'r bai. Ac mae Kev, o leia, wedi dysgu rhegi yn Gymraeg. Does gen i ddim byd yn erbyn Dot chwaith. Mae hi wedi bod yn ffeindiach wrtha i nag ydi fy merch i fy hun. Dydw i ddim wedi gweld honno ers wythnosa, 'tai ots am hynny. Lwcus na ddaeth hi ddim yma heddiw. Fedrwn i ddim fod wedi dal y geiria'n ôl. Ac er ei bod hi'n siarad yr un iaith â fi, fydda hi ddim yn eu deall, mwy na Dot.

Pan ofynnodd Paul neithiwr oedd hi ddim yn bryd i mi fynd i weld Mam, fy ymatab cynta i oedd gofyn i be. 'Because she has no one else,' medda fo, yn ei lais athro ysgol, fel taswn i'n un o'i ddisgyblion twp nad ydyn nhw'n gwybod dim am ddim. Ond efallai mai cymryd arnyn bod yn ddwl y maen nhw, fel finna, am fod hynny gymaint haws. Mi wn i'n iawn mai'r hyn oedd o eisiau'i ddweud oedd, 'Because you have no one else', ond rydan ni'n dau wedi llwyddo i gelu'r gwir hyd yma, Dydw i ddim yn credu i ni erioed fod fel un, hyd yn oed yn y dyddiau cynnar. Cilio fesul tipyn, heb i mi brin sylwi, wnaeth o. A rŵan does 'na ddim byd ohono fo ar ôl.

Meddwl amdano'i hun yr oedd o, wrth gwrs; paratoi'r ffordd er mwyn gallu dweud, pan fydd o'n gadael, fod gan Mam a finna'n gilydd. Ond mi wna i'n siŵr na chaiff o mo'r cyfla i hynny. Wedi'r cwbwl, does gen i ddim byd i'w golli.

Dydw i'n teimlo fawr gwell heddiw, a fydda i ddim nes cael gwarad â'r camdreuliad 'ma. A sut mae gneud hynny, mewn difri? Fe alwodd Dot heibio fin nos a mwydro 'mhen i. Cwyno roedd hi am y llanast mae Kev yn ei neud drwy ddŵad i'r tŷ heb sychu'i draed nac ysgwyd ei wallt a'i ddillad, a gadael y lle'n blisg coed a llwch lli i gyd, er na fedra hi roi enw i'r naill na'r llall. Mi ges i 'nhemtio i ddeud wrthi y rhown i'r byd am gael rhoi 'them bloody trees' yn ôl at ei gilydd a'u cydio wrth eu gwreiddia. Y defaid oedd 'dani wedyn, yn credu fod ganddyn nhw'r hawl i grwydro lle mynnan nhw. Mi liciwn i fod wedi deud, 'Mae ganddyn nhw fwy o hawl na chi. On'd ydi eu hynafiaid wedi cael y rhyddid hwnnw ers canrifoedd.' Drwy drugaradd, fedrwn i'n fy myw feddwl be oedd y gair Saesnag am 'hynafiaid', ac fe gymrodd hithau, gan fy mod i mor dawedog, fy mod i'n cytuno efo hi. Er bod fy Saesnag i dipyn gwell na'i hun hi, mae pob gair fydda i'n ei yngan yn un hoelan arall yn arch yr iaith y dylwn i fod wedi'i gwarchod.

Wedi iddi adael, mi fûm i'n siarad efo fi fy hun am hydoedd. Dyna oedd dechrau'r diwadd i Anti Maud. 'Pam na chei di gath neu fwji?' medda Mam, oedd â chwilydd o'i chwaer. 'Fedra'r rheiny mo f'atab i,' medda hitha. Erbyn gwrando'n iawn, sgwrsio yr oedd Maud, nid siarad. Mi fydda'n holi, 'Be ddylwn i neud?' yn dal ei phen ar un ochor fel tasa hi'n clustfeinio, ac yna'n deud, 'Ia, dyna fydd ora'. Ond fe ddaeth 'na adag pan oedd hi'n methu cael atab. Choelia i byth nad ydw inna wedi cyrraedd y stad honno. Mi allwn fy nghlywad fy hun yn gofyn neithiwr, 'Be fedra i neud?' A'r unig atab i'r cwestiwn hwnnw oedd, 'Dim byd'.

Doedd gen i ddim tamad o awydd codi bora 'ma, a llai fyth o awydd agor y cyrtenni. Dim ond gwactar oedd i'w weld: anialwch byd di-goed, a'r hen fynyddoedd herfeiddiol 'na'n ysgyrnygu arna i. Trio osgoi edrych ar y rheiny ro'n i pan ddaeth hi i'r golwg, yn cerddad yn bwyllog, heb edrych i na chwith na de. Aros yn fy unfan wnes i, yn disgwyl y gnoc ar y drws. Fydda waeth i mi heb â galw arni i ddŵad i mewn, er mwyn cael sbario codi. Dydi hi ddim yn un i neud petha'n haws i neb.

Doedd hi'm yn bwriadu agor y drws, O, na. Fy ngorfodi i i guro, fel taswn i'n ddynas ddiarth. Ond dyna ydw i, o ran hynny. Rhyw 'helô' digon ffwr-bwt ges i, ac roedd ei 'Sut w't ti?' yn swnio'n fwy di-feind nag arfar. Cyn i mi gael cyfla i roi 'nghlun i lawr, dyna hi'n dweud, yn gyhuddgar, 'Sylwast ti ddim fod y coed wedi mynd, mae'n siŵr.'

Roedd hi'n syllu arna i, yn fy herio i ofyn, 'Pa goed?' Ond do'n
i ddim am roi'r plesar hwnnw iddi.

'Fedrwch chi ddim disgwyl i betha aros fel maen nhw,' medda hi.
'P'un bynnag, mae'r mynyddoedd yn dal ganddoch chi.'
Dyna'r peth gwaetha alla hi fod wedi'i ddeud. Ond ddylwn
inna ddim fod wedi cyfadda fod yn gas gen i nhw.
Doedd gen i ddim dewis wedyn ond gwastraffu f'anadl yn
trio egluro pam. Ro'n i, ar un adag, yn edmygu eu cryfdar a'u
cadernid. Mi fedrwn syrthio i gysgu'n esmwyth fy meddwl, gan
wybod eu bod nhw yno i 'ngwarchod, yn gaer am fy myd i. Ond,
yn dawal bach, heb i ni sylwi, roedd y byd hwnnw wedi crebachu
a nhwtha'n fy nirmygu am i mi fethu gneud dim i'w arbad.
Gofyn, 'Be allach chi fod wedi'i neud, felly?' ddaru hi.
'Diogelu'r hyn oedd ganddon ni, 'te.'

'Dydach chi ddim yn fy nghynnwys i yn y "ni" 'ma, siawns,'
medda fi, gan fyw mewn gobaith y bydda hynny'n rhoi taw arni.
Ond yn hytrach nag ildio'n dawal, dweud wnaeth hi, 'Doeddat
ti ddim yma hyd yn oed.' Nag o'n, diolch i'r drefn. Gadael wnes
i, gynta medrwn i. Croesi'r ffin, a setlo lle nad oedd na choed na
mynyddoedd i bwyso ar fy ngwynt i. Gollwng y tennyn o iaith oedd
yn fy nal i'n ôl, a phriodi Sais sy'n canu 'Duw gadwo'r frenhines'
gydag arddeliad ac yn dal i gredu ym Mhrydain Fawr.
Dydi hi byth yn fodlon heb gael bwrw'r bai ar rywun arall. Ac
nid rhywun yn unig rŵan, ond y mynyddoedd, o bob dim.

Mi wnes i'r hyn allwn i i'w chael i ymfalchïo yn ei hiaith a'i
gwlad. Ond troi ei chefn ar y cyfan ddaru hi. Dial arna i am ei
hamddifadu o dad. Mi dw i'n cofio hwnnw'n gofyn pan ddeudis
i 'mod i'n disgwyl, 'Be w't ti am i mi neud 'lly, dy briodi di?' Be

fydda gan un nad oedd o mo f'isio i na hitha i'w gynnig i ni? Mi ddylwn i fod wedi egluro hynny iddi, ond cadw arno fo wnes i er mwyn ceisio gneud iawn am y diffyg.

Tebyg iddo fo ydi hi, o ran golwg a natur. Yr un llyfr cau o wynab a'r un ystum ddihidio. Dau nad oes ganddyn nhw'r syniad lleia sut i dderbyn na rhoi.

'Cyrradd fesul tipyn heb i mi sylwi ddaru nhw, 'sti, a dŵad â'u hiaith a'u ffordd o fyw i'w canlyn,' medda fi.

'Pwy, felly?'

Fe edrychodd arna i yn union fel y bydd Paul yn ei neud. Ond, yn wahanol iddo fo, mae hi'n gwybod mai cymryd arna fod yn ddwl rydw i. Ac yn credu fy mod i'n gwneud hynny'n fwriadol. Ofynnas i rioed iddi be oedd hanas y dyn ddaru fy nghenedlu i. Doedd bod heb dad yn poeni dim arna i, ond mi fydda'n dda gen i tasa 'na rywun arall ar gael i rannu'r holl sylw a'r . . . be galwa i'r peth hwnnw sy'n bygwth meddiannu rhywun? . . . cariad, am wn i.

Mae'r ardal lle rydan ni'n byw yn llawn o adar lliwgar sydd wedi hedfan yno o bob cwr, ac nad oes ganddyn nhw, yn ôl Paul, unrhyw hawl i fod yno. Waeth gen i amdanyn nhw, na nhwtha amdana i.

Mi fu ond y dim imi â dweud wrthi y bydda Paul yn cytuno efo hi. Beio'r llywodraeth am fod mor barod i'w derbyn nhw yn y gorffennol y bydd o. Dyna'r unig beth sydd gan y ddau'n gyffredin – y ddawn i'w cyfiawnhau eu hunain drwy drosglwyddo'r bai.

Atebodd hi mo 'nghwestiwn i, dim ond dweud,

'Mae hi'n rhy hwyr bellach. Does 'na ddim byd o werth yn weddill.'

'Be ddigwyddodd i'r graig y byddach chi'n sôn amdani, yr un nad oedd hi byth yn siglo?' medda fi.

'Craig yr Oesoedd.'

'Ia, honno.
Craig yr Oesoedd ddeil bryd hynny
Yn y dyfroedd, yn y tân.'
    Fe orffennon ni'r pennill efo'n gilydd.
    Mi wyddwn pan welais i'r wên fuddugoliaethus ar ei hwynab
mai camgymeriad oedd hynny.

'Ffydd oedd y graig honno, 'te. Y ffydd fydda'n fy ngwarchod i,
fel y mynyddoedd.'
    'Ac mae honno wedi mynd i ganlyn pob dim arall?'
    'Mae arna i ofn ei bod hi.'

    'Mae'n dda dy weld ti,' medda hi.
    Roedd y cynhesrwydd yn ei llais yn ddigon i fferru fy ngwaed i.
    'Paul ddeudodd ei bod hi'n bryd i mi alw, gan nad oes ganddoch
chi neb arall.'
    'Chwara teg iddo fo am feddwl amdana i.'
    'Meddwl amdano'i hun roedd o. Lleddfu'i gydwybod drwy
berswadio'i hun fod ganddon ni'n dwy ein gilydd.'
    Do'n i ddim wedi bwriadu sôn am y ddynas 'na sydd ganddo
fo. Llais ar y ffôn yn ymddiheuro am alw'r rhif anghywir ac arogl
y persawr ar ei ddillad, dyna'r cwbwl ydi hi i mi.

Mae'n debyg y dylwn i fod wedi deud, 'Mae'n ddrwg gen i.'
Wêl hi mo'i golli, mi wn i hynny. Fydd 'na rywfaint yn aros o'r
blynyddoedd o gyd-fyw, tybad – rhyw ddarna bach sy'n glynu
wrth y cof? Go brin. Dyna'r piti mwya, erbyn meddwl. Er yr holl
golledion, mi fydda'n waeth fyth arna i petai'r doe cyn wacad â'r
heddiw.
    Mae'i Chymraeg hi yr un mor loyw ag oedd o, er nad ydi hi
byth yn ei arfar. Siawns na alla i dderbyn peth o'r clod am hynny,

o leia. Roedd mor dda gen i ei chlywad hi'n adrodd yr emyn. Doedd yr ymdrach wnes i ddim yn gwbwl ofar, wedi'r cwbwl. Be oedd ots os nad oedd hi'n credu'r geiria? Roeddan nhw wedi aros efo hi, yn dal yn rhan ohoni, ac yn ei chydio hi a finna.

'Waeth iddo fo feddwl hynny ddim,' medda hi, a rhyw dinc gobeithiol yn ei llais. Sut y gallwn i roi ar ddeall iddi nad oes arna i mo'i hangan, heb ddweud hynny'n blwmp ac yn blaen? Dim ond gofyn, 'Er mwyn ei arbad o, ia?' wnes i. Ysgwyd ei phen ddaru hi a dweud, yn dawal, 'Er mwyn ein harbad ni, falla'. Oni bai am y 'ni' 'na, mi fyddwn wedi mesur fy ngeiriau a gadael iddi hithau feddwl be fynna hi. Do'n i ddim yn malio digon i fod eisia'i brifo. Ond roedd yn rhaid i mi roi ar ddeall iddi, un waith ac am byth, nad ydw i'n dymuno cael fy arbad ac nad oes gen i unrhyw fwriad ei harbad hi.

Rhyw ddeud gwirion oedd hynny, erbyn meddwl. Dydw i rioed wedi mynd ar ei gofyn, ac a' i byth. A dyma'r tro cynta iddi roi ohoni'i hun, er nad o fwriad. Mi fydd hynny'n stwmp ar ei stumog hi.

Fe adewais iddi ddeud ei deud. Mi fu ond y dim i mi â rhoi ebwch o chwerthin pan ddwedodd hi,

'Mi dw i'n gobeithio ein bod ni'n deall ein gilydd rŵan.'

Dim ond gwenu'r wên fydda'n fy ngorfodi i gilio pan o'n i'n enath wnaeth hi. Finna'n mentro ychydig pellach bob tro, nes fy mod i'n gallu anadlu'n rhydd.

'Mi ddo i i dy ddanfon di at y car,' medda hi, wrth fy ngweld i'n paratoi i adael.

'Does dim angan.'

Ro'n i hanner y ffordd i lawr y llwybr pan welais i bwt o hogyn,

ei wallt a'i ddillad yn llanast o shafins coed, yn hysio dafad o ardd
y drws nesa dan weiddi, 'Cer adra, diawl.'

Yn hytrach na throi ei phen draw, fel bydd hi, dyna hi'n croesi
ato, yn dal y giât yn llydan agorad fel ei fod o'n gallu bugeilio'r
ddafad drwyddi, ac yn ei chau a'i bolltio. 'Cheers,' medda ynta,
a chodi'i fawd arni. Ond roedd hi wedi cerddad yn ei blaen, heb
edrych i na chwith na de. Mynd am y tŷ wnes inna a throi fy
nghefn ar y mynyddoedd.

Ond heno fe ddaeth 'na ryw awydd drosta i am gael golwg
iawn arnyn nhw. Sefyll yn fy ngardd fy hun, y darn tir y mae
gen i hawl arno, ro'n i pan glywais lais yn deud, yr ochor arall i'r
clawdd,

'Sorry 'bout the trees. Never mind, you still got your
mountains. The silly old bugger can't move them.'

'Dyna fan na sigla byth, Dot.'

Er nad oedd ganddi'r syniad lleia be oedd ystyr y geiria, roedd
hi'n deall digon i allu deud,

'Sounds good, luv.'

Wedi crwydro mynyddoedd,
llechweddau, dyffrynnoedd,
a llawer o diroedd blinderus,
does unman mor swynol
na man mor ddymunol
â chartref bach siriol, cysurus.

O, fel mae'n dda gen i 'nghartref;
mae sŵn bendigedig mewn 'cartref'.
Chwiliwch y byd drwyddo i gyd,
does unman yn debyg i gartref.

Aelwyd fenthyg

SAFAI RUTH yng nghyntedd y cartref yn cnoi ei hewinedd, fel petai'n ystyried yn ddwys be i'w wneud nesa. Doedd hi ddim, wrth gwrs, gan nad ei swydd hi oedd meddwl. Er nad oedd ond dydd Mercher heddiw, roedd y blodau a roddodd ar y bwrdd fore Llun, yn ôl yr arfer, wedi dechrau gwywo. Y gwres oedd yn eu lladd nhw. Ond doedd fiw agor y ffenest rhag ofn i un o'r hen bobol gael oerfel. Un o lu rheolau Mrs James, y perchennog, neu Metron fel roedd hi am gael ei galw, oedd honno. I Ruth, byddai torri un ohonynt cynddrwg â phechu yn erbyn yr Ysbryd Glân y bu'n byw yn ei gysgod am chwarter canrif, heb erioed ddeall be oedd o.

Sylweddolodd yn sydyn, pan glywodd gloch y drws ffrynt yn canu am yr eildro, mai dyna pam roedd hi yma. Gan fod hwnnw wedi'i gloi – rheol arall – bu'n rhaid i Eirlys Griffiths, yno i ymweld â Beryl, ei chyfnither yng nghyfraith, aros, yr un mor ddiamynedd ag arfer, i Ruth agor y clo a datgysylltu'r tsiaen ddiogelwch cyn gallu llithro i mewn wysg ei hochor.

'Oes angan gneud hyn?' holodd, er na fyddai waeth iddi siarad efo'r wal nag efo'r eneth lywaeth 'ma. Nid geneth, o ran hynny, ond dynes yn ei hoed, beth bynnag am ei synnwyr.

Syllodd heibio iddi ar y blodau, ac meddai'n siarp,

'Ydach chi ddim yn meddwl fod y bloda 'ma angan dŵr?'

'Mi ofynna i i Metron.'

Ysgydwodd Eirlys Griffiths ei phen mewn anobaith, a chychwyn am y drws a arweiniai i'r lolfa.

'Mae isio i chi seinio'r llyfr fisitors 'ma, Miss Griffiths.'

'Wn i ddim i be, a finna yma mor amal.'

'A rhoi'r amsar, 'te.'

Arhosodd Ruth yno wrth ei phenelin tra oedd hi'n cyfnewid ei sbectol gweld ymhell am ei sbectol ddarllen, ac yn arwyddo'r llyfr.

Unrhyw funud rŵan, byddai'n dechrau cnoi ei hewinedd a hithau'n cael ei themtio i ofyn,

'Chawsoch chi ddim cinio heddiw?'

Ond cafodd ei sbario rhag siarad yn ofer pan ddwedodd Ruth â chryndod ofn yn ei llais,

'Dydw i ddim wedi cloi'r drws ffrynt, Miss Griffiths.'

'Gnewch hynny rŵan, 'ta, os oes raid.'

'O, oes.'

Manteisiodd Eirlys Griffiths ar y cyfle i ailgychwyn ar ei thaith. Ond wrth iddi gamu drwy'r drws, daeth i wrthdrawiad â phulpud yn cael ei lywio gan bâr o ddwylo mawr, gwydn.

'A lle rydach chi'n cychwyn, John Parry?' holodd yn chwyrn.

'Am dro, i weld ydi'r byd yn dal yno.'

'Chewch chi ddim, Mr Parry.'

Roedd Ruth wedi croesi atynt ac yn syllu'n bryderus i gyfeiriad ystafell Metron.

'Be 'na i, felly, meddach chi?'

'Symud yn ôl, er mwyn i mi allu pasio.'

'Fedra i ddim. Does 'na'm gêr bacio ar hwn.'

Gan ddal ei gwynt a hynny oedd ganddi o fol i mewn, llwyddodd Eirlys i wasgu heibio i'r pulpud. Wrth iddi gerdded yn sigledig am y lolfa, clywodd John Parry'n dweud,

''Di bod ar y botal yn gynnar iawn heddiw, Eirlys Griffiths.'

Wedi i Ruth helpu John Parry i wneud tro tri phwynt a'i dywys tuag at ei ystafell, eisteddodd am rai munudau'n ceisio cofio be oedd hi'n ei wneud pan ganodd y gloch. 'Ydach chi ddim yn meddwl fod y bloda 'ma angan dŵr?' – dyna ddeudodd Miss Griffiths. Byddai'n rhaid iddi wneud yn siŵr, ond fiw iddi styrbio Metron nes ei bod hi wedi cael amser i dreulio'i chinio.

A hithau wedi cael mwy na llond ei bol o fwyd, roedd Beryl wedi gobeithio cael llonydd i wylio'r teledu tan amser te. Ni fyddai'r un o'r lleill yn debygol o aflonyddu arni gan nad oedden nhw ond yn deffro i gael eu prydau ac i fynd i'w gwlâu. Pan welodd Eirlys Griffiths yn nrws y lolfa, meddai'n surbwch,

'Mi w't ti yma eto, 'lly?'

'Meddwl y byddat ti'n falch o gael cwmni. Fydda waeth i ti fyw mewn mynwant nag yn fan'ma. Drycha arnyn nhw mewn difri.'

'Well gen i edrych ar y teli.'

Eisteddodd Eirlys yng nghadair John Parry, gyferbyn â Beryl a rhyngddi a'r teledu.

'Cadar John ydi honna.'

'Ond dydi o ddim yma, yn nag'di? Wyddost ti lle roedd o'n cychwyn gynna? Am dro i weld y byd, medda fo. Ond fe ddaru'r Ruth 'na ei rwystro fo.'

'Hogan fach gydwybodol ydi hi, 'te?'

'Ydi hi'n . . . iawn, d'wad?'

'Fydd hi byth yn gneud dim o'i le.'

'Iawn i fyny fan'ma, dyna oedd gen i.' A tharo'i thalcen.

'Pwy fedar ddeud pwy sy'n llawn llathan a phwy sydd ddim?'

'Mae rheswm yn deud, 'dydi.'

'Dibynnu rheswm pwy.'

Tawodd Beryl, a phlygu ymlaen i geisio gweld y sgrin. Erstalwm, byddai tynnu'n groes i Eirlys yn rhoi modd i fyw iddi, ond calla dawo oedd hi bellach. Estynnodd am y teclyn tiwnio a throi'r sŵn i fyny.

Roedd hi'n tynnu am amser te a Ruth ar ei ffordd i'r gegin pan gafodd alwad i ystafell Metron.

'Dim ond panad i mi, Ruth,' meddai, a rhoi ei llaw i orffwys ar y man lle tybiai hi y dylai ei stumog fod.

'Be am y bloda?'

'Pa floda?'

'Yn y portsh. Roedd Miss Griffiths yn deud . . .'

'Pwy sy'n rhedag y cartra 'ma, hi 'ta fi?'

'Chi, Metron. Dydach chi ddim isio teisan, 'lly?'

'Dim ond panad. A deudwch wrth Mrs Davies am droi'r teledu 'na i lawr. Mae o'n codi cur yn 'y mhen i.'

Llusgodd Ruth ei thraed tua'r lolfa i wneud yr hyn a ddylai.

'Mae Metron isio i chi,' dechreuodd, ond cipiodd y bloeddiadau chwerthin weddill y frawddeg.

Symudodd yn nes, ac amneidio i gyfeiriad y teledu.

'Am i ti droi hwnna i ffwrdd mae hi, Beryl.'

'Damio unwaith.'

Cythrodd Beryl am y teclyn tiwnio i ddileu'r sŵn.

'Be sydd gen ti i' ddeud, 'lly. Reit sydyn.'

'Nid fi sy'n deud. Metron sy'n diodda efo'i phen a'i stumog.'

'Ac mi 'dan ni'n gwbod pam, 'dydan.'

'Dydw i ddim, Mrs Davies.'

'Well i ti fynd i ganu'r gloch 'na, i'r rhain gael eu te er mwyn cael mynd yn ôl i gysgu. Ac mi gymra i siâr yr Annie 'cw o'r deisan. Beryg iddi dagu ar y cyrans.'

Gadawodd Ruth y lolfa gan fwmian wrthi ei hun – y gloch, dim ond panad i Metron, dau ddarn o deisan i Mrs Davies, panad dros ben i Miss Griffiths. Rhoddodd gnoc fach ar ddrws ystafell John Parry wrth fynd heibio.

'Lle ydach chi isio'ch te heddiw?' galwodd.

'Ydi Miss Grifiths yn dal yma?'

'Ydi.'

'Mi wyddost lle, felly.'

Pan aeth â'i de i John Parry, roedd o'n eistedd a'i gefn at y ffenestr a'i draed i fyny ar y gwely. Mae'n debyg y dylai ddweud y drefn wrtho am dorri un arall o'r rheolau, ond be oedd ots? Doedd 'na neb arall yma i'w weld. Clywodd lais ei thad yn sibrwd yn ei chlust,

'Mae Duw yn gweld bob dim, Ruth. Yn clywed bob dim. Yn bresennol ym mhob man.'

'Well i ti roi'r trê 'na i mi cyn i ti 'i ollwng o. Dy feddwl di'n bell, ia?'

'Mi dw i'n trio peidio meddwl gormod, 'chi. Mae o'n gneud i 'mhen i frifo. Isio deud 'mod i'n sori dw i, Mr Parry.'

'Am be, d'wad?'

'Eich stopio chi rhag mynd allan.'

'Herian o'n i, tynnu ar yr Eirlys Griffiths 'na. Mi dw i wedi gweld mwy na digon ar y byd.'

'Mae hi'n ffeind iawn yn dŵad yma mor amal.'

'Methu diodda'r tŷ a'r fodryb 'na mae hi, 'te.'

'Ond mae honno 'di marw, 'dydi?'

'Ac yn gwrthod gadal. Yn hofran o gwmpas y lle ddydd a nos.'

''Fath â'r Ysbryd Glân.'

Tagodd John Parry ar ei ddarn teisen.

'Bobol annwyl,' ebychodd. 'Be ŵyr rhywun d'oed di am hwnnw?'

'Ei fod o'n gweld ac yn clywad bob dim.'

'Wn i'm be am hynny.'

'Mi oedd 'Nhad yn gwbod. A dw i'n dal i bechu yn 'i erbyn o er 'mod i'n trio 'ngora i beidio. Wrth 'y ngwaith, dyna lle dw i i fod rŵan. A ddylwn i'm gadal i chi roi'ch traed ar y gwely chwaith.'

'Siawns na cha i neud fel y mynna i yn fy nghartra fy hun.'

'Ond Metron bia'r lle 'ma, 'te. Wyddoch chi be sy'n bod arni hi?'

Rhythodd John Parry arni, ac meddai'n chwyrn,

'Dydi hynny ddim o dy fusnas di. Fel deudist ti, yma i neud dy waith w't ti.'

'Ia. Dach chi'n iawn.'

Yn ystod yr hanner awr nesa, cafodd Ruth wybod gan Metron nad oedd hi fymryn gwell ac na fyddai ar gael am weddill y diwrnod, bod y te, yn ôl Mrs Davies, cyn wanned â phiso dryw, ac mai anghwrteisi oedd gadael Miss Griffiths heb deisen o fath yn y byd. Fel petai hynny ddim yn ddigon, roedd hi wedi tynnu gwg Metron drwy ofyn 'Lle byddwch chi, felly?' ac wedi gorfod ymddiheuro i Miss Griffiths, a chytuno â hi pan ddwedodd honno ei bod yn bryd iddi ddechrau meddwl. Dyna fyddai ei thad yn arfer ei ddweud, ac yn dal i'w ddweud, o ran hynny, er ei fod o wedi marw, fel modryb Miss Griffiths. Byddai wedi licio gofyn i John Parry be neu pwy oedd yr Ysbryd Glân 'ma, ond roedd hi wedi gneud rwbath i'w ddigio yntau.

Pan gafodd alwad i fynd i agor y drws ffrynt, caeodd ei gwefusau'n dynn rhag ofn iddi bechu rhagor. Tybiodd Eirlys Griffiths mai wedi pwdu roedd hi, ond nid oedd ganddi'r nerth i geisio dal pen rheswm â hi. Byddai arni ddigon o angen hwnnw unwaith y cyrhaeddai'r tŷ.

Prin bod y drws wedi'i gau o'i hôl nad oedd John Parry'n ceisio llywio'r pulpud i mewn i'r lolfa. Daeth i wrthdrawiad â chadair a rhegi'n uchel.

'Tempar, tempar!' rhybuddiodd Beryl.

'Paid ti â dechra. Mi dw i 'di cael digon am heddiw. Mae'r Eirlys 'na 'di mynd adra, 'lly?'

'Ydi. Ond pa fath o adra, 'te John?'

'Mae hynny'n fwy na sydd ganddon ni'n dau.'

'Stedda, bendith tad i ti, a cym' dy wynt am funud.'

Rhoddodd John hergwd i'r pulpud nes ei fod yn glanio â'i draed i fyny, a'i ollwng ei hun i'w gadair.

'Mae hwnna'n fwy o rwystr nag o help. Cythral o beth ydi mynd yn hen.'

'Dydi hynny ddim heb ei fanteision.'

'A be ydi'r rheiny, dyna liciwn i wbod.'

'Falla y deuda i wrthat ti, ond ddim rŵan. A pwy sydd wedi pechu, 'lly?'

'Y Ruth wirion 'na. Ond gan y gwirion y ceir y gwir, 'te. Fi ddeudodd fod gen i hawl i neud fel mynna i yn fy nghartra fy hun.'

'Oes, debyg.'

'Ond honna sy'n mynnu cael ei galw'n Metron sydd pia'r lle 'ma, medda hi.'

'Wel, ia.'

'A dyna'r cwbwl sydd gen ti i'w ddeud?'

'Does 'na'm diban deud rhagor nes dy fod ti'n barod i wrando.'

Cythrodd John Parry am y pulpud, ond roedd hwnnw allan o'i gyrraedd.

'Fedri di estyn hwnna i mi?'

'Na fedra.'

'Hen gnawas hunanol fuost ti rioed. A be ydw i i fod i' neud, felly?'

'Dibynnu ar y diafol i dy gynnal di, fel w't ti 'di arfer 'i neud.'

Bu'n rhaid i John Parry ymlwybro o ddodrefnyn i ddodrefnyn ac o wal i wal er mwyn gallu cyrraedd ei ystafell. Nid oedd unrhyw ddiben disgwyl i'r hen ddyn ei gynnal ac yntau wedi troi ei gefn arno. Roedd o wedi bod yn rhy gysurus ei fyd i weld ei golli. Ei hafan fach oedd hon, ei encil, ei harbwr, yn saff rhag pob storm. Nes i'r hogan ddwl-lal 'na ei orfodi i dderbyn nad oedd ganddo ef unrhyw hawl arni. Lojar, dyna'r cwbwl oedd o yma, heb obaith gallu codi'i bac na symud i le arall. Nid oedd neb na dim a allai ei rwystro rhag gwneud hynny ar un adeg. Mynnu'i ryddid, a'r hen ddyn ac yntau'n rhannu pob camp a rhemp. A rŵan, dyma John Parry, y ci a grwydrodd ac a gafodd, yn dod i ben ei daith ar aelwyd fenthyg.

Pan ganodd y gloch swper, arhosodd yn ei unfan a drafftiau'r heddiw'n chwyrlïo o'i gwmpas, yn rhy swrth i allu cofio'r hyn a gafwyd hyd yn oed.

Ond nid oedd ball ar gof Annie Lloyd.

'Ches i ddim teisan heddiw, Ruth,' cwynodd, wrthi'n rhawio'r cawl i'w cheg fel petai ar ei chythlwng.

'Ofn i ti dagu oedd ganddi hi. A cym' bwyll efo hwnna.'

Anwybyddodd Annie sylw Beryl, a dweud,

'Mi ddeuda i wrth Metron.'

'Mae hi wedi mynd i'w gwely, Mrs Lloyd. Ddim yn teimlo'n dda.'

'Y gryduras. A'r Mr James 'na, yr hen fochyn iddo fo, yn cnesu gwely dynas arall. A sôn am hynny, lle mae John Parry heno?'

'Ddylwn i fynd i'w nôl o?'

'Faswn i'm yn mentro'n rhy agos ato fo, taswn i chdi.'

'Mae o'n ddyn clên.'

'Rhy glên. Gofyn di i Beryl 'ma os nad w't ti'n 'y nghredu i.'

Brathodd Beryl ei thafod. Sut ar wyneb daear y gwyddai'r Annie 'ma hyn i gyd? Mae'n rhaid mai cysgu llwynog yr oedd hi, yn gwrando ac yn storïo'r cwbwl.

'Dydw i ddim isio gwbod. A ddylach chi ddim deud petha drwg am bobol.' Er mai dim ond sibrwd y geiriau a wnaeth Ruth, parodd yr ofn yn ei llygaid a'r cryndod yn ei chorff i Beryl daflu golwg 'meiddia di' ar Annie Lloyd. Ond roedd honno, hefyd, wedi'i tharo'n fud.

Yn y tŷ na fu erioed yn gartref iddi, closiodd Eirlys at y tân trydan. Byddai'n rhaid iddi godi toc a mentro i'r rhewgell o lofft. 'Siawns na elli di fforddio gwres canolog,' dyna ddwedodd Beryl. Ond peth afiach oedd hwnnw yn ôl Modryb, yn sychu'r aer ac yn gwneud rhywun yn dendar. Un barod iawn i ddweud wrth rywun be i' neud oedd Beryl, er y llanast wnaeth hi o fywyd Richard ei chefnder, druan â fo. Doedd ryfedd yn y byd ei fod wedi'i gadael ac yntau'n gwybod fod ei chalon yn eiddo i ddyn arall, un nad oedd yn haeddu calon neb. A dyna hi heddiw yn cael pob moetha mewn cartra lle roedd hi'n haf o hyd, ac yn ymddwyn fel petai hi piau'r lle. Peth anghwrtais oedd afradu Mrs Lloyd o'i theisan ac achosi cur pen i Metron drwy fynnu rhoi'r teledu ar ei uchaf. Ond cawsai wybod, o leia, drwy ddal i holi, be oedd yn bod ar honno. Hi a'i rheolau! Mi fydda'n well petai wedi rhoi mwy o sylw i'w gŵr ei hun na dandwn rhai nad oeddan nhw'n perthyn yr un dafn o waed iddi.

Gormod o gwilydd dweud oedd gan Beryl, wrth gwrs; ofn y byddai sôn am bechod heddiw yn codi pechod ddoe i'r wynab. Oedd hi'n credu, tybad, rŵan ei bod hi'n gymaint o geiliog pen toman – er mai toman rhywun arall oedd honno – ei bod hi, Eirlys, wedi maddau ac anghofio'r cwbwl? Ond doedd hi ddim, o nag oedd. Ac roedd yn gysur gwybod, ar waetha popeth, nad oedd ganddi ddim i gywilyddio o'i herwydd, ac na fyddai Modryb byth farw tra byddai hi byw.

Ar ei ffordd i'w gwely yr oedd Ruth pan sylwodd fod y teledu'n dal ymlaen yn y lolfa.

'Mae hi wedi deg, Mrs Davies,' galwodd, o'r drws. 'Amsar diffodd hwnna.'

'Ydi'r ieir i gyd wedi mynd i glwydo?'

'Ydyn. Pawb yn cysgu'n sownd.'

'Am a wyddon ni, 'te. Diolch i chi am edrych ar ein hola ni, 'mach i.'

'Dyna ydw i i fod i' neud, 'te.'

'Ewch chi. Mi ofala i am y teledu a'r gola. A rhowch y pulpud 'ma y tu allan i stafall Mr Parry.'

Er i Ruth roi cnoc fach ysgafn ar y drws a sibrwd 'Nos da', ni chafodd ateb. Mae'n rhaid ei fod o'n dal yn flin efo hi. Ceisiodd gofio be oedd hi wedi'i ddweud i'w ddigio, ond roedd ei phen yn brifo gormod i allu meddwl.

Roedd Beryl wedi diffodd y teledu a'r golau mawr pan glywodd sŵn llusgo traed ac ambell ebychiad o reg yn dod o'r coridor.

Arhosodd yn amyneddgar nes bod yr un y bu'n aros amdano gyhyd wedi setlo yn ei gadair gyferbyn â hi cyn dweud,

'Mi w't ti 'di ffeindio dy ffordd yma o'r diwadd, 'lly.'

'Efo help hwn, nid yr hen ddyn. Ma'n chwith i mi, 'dydi?'

'Paid â dechra hynna eto.'

Estynnodd Beryl y bag papur brown oedd ar y bwrdd iddo.

'Cym' un o'r bisgedi 'ma ddoth Eirlys i mi. Maen nhw cyn sychad â hi, ond yn well na dim. Mi ges i 'nhemtio i roi un i Annie Lloyd, gan obeithio y bydda hi'n tagu arni hi. Tasat ti 'di chlywad hi'n cega am Metron amsar swpar. Ond fe ddaru Ruth roi taw arni hi.'

'Be ddeudodd honno tro yma?'

'Na ddyla hi ddim deud petha drwg am bobol.'

'A phechu'n erbyn yr Ysbryd Glân, ia?'

'Dw't ti rioed yn credu yn hwnnw.'

'Mi w't ti 'di clywad amdano fo, 'lly?'

'Do, pan o'n i'n cael 'y nghyrru i'r ysgol Sul erstalwm, fel bod Mam a 'Nhad yn cael pnawn yn y gwely.'

'Mae gan y Ruth 'na ei ofn o am ei bywyd. Fo a'i thad, er bod y naill mor farw â'r llall.'

'Mi fydd raid i ni edrych ar ei hôl hi, John.'

Roedd o wedi gorffen y fisged ac yn estyn am un arall.

'Pa ni?'

'Chdi a fi, 'te. Hen gnawas a hen gena hunanol.'

Lledodd gwên fawr dros ei wyneb, y wên fu'n ddigon i rwydo'i chalon a'i chadw'n curo am hanner canrif.

'Mae hi braidd yn hwyr i ti ddifaru am hynny rŵan.'

'Dydw i ddim, mwy na chditha. Ac mi dw i'n falch na ddeudis i rioed fod gen i feddwl y byd ohonat ti.'

'Fyddat ti ddim gwell o fod wedi deud.'

'Gwaeth, falla. Ond dydi o ddim ots gen i bellach. Dyna un o fanteision mynd yn hen, 'sti.'

'Oes 'na ragor?'

'O oes. Y gallu i ddewis a dethol be i'w gofio. O deimlo'n saff. O gael bod efo'n gilydd, o'r diwadd. Siawns nad ydi hynny'n ddigon.'

Nid oedd yr un smic i'w glywed yn unman, ac yn y tawelwch hwnnw gallodd dau oedd wedi hen arfer eu twyllo eu hunain a phawb arall gredu, dros dro, o leiaf, nad oedd neb arall yn bod, ac mai eu haelwyd hwy oedd hon.

Wrth weld yr heulwen eto'n suddo dros y bryn
fry i'r ffurfafen syllu rwyf yn syn;
ond mae'r seren siriol
gynt lewyrchodd arnom ni
wedi cilio'n raddol
draw o'n golwg ni.

Elen fwyn, Elen,
wyt ti'n cofio'r seren dlos?
Elen fwyn, Elen,
wyt ti'n cofio'r nos?

Allan o gyrraedd

PAN RODDODD Metron y bwndal yn fy nghesal i, roedd gen i ofn agor fy llygaid. Sawl tro o'n i wedi clywad Elen Jones yn deud fod nod y diafol i'w weld ar bob plentyn siawns? Ond pan ddeudodd Metron, 'Mae hi'n rhy hwyr i chi ddifaru rŵan, Mary Jones,' fedrwn i'm diodda rhagor. 'Dydw i ddim, Metron,' medda fi. Do'n i ddim isio'i digio hi, a hitha wedi bod yn ffeindiach wrtha i na neb arall, ond be oedd diban i mi gymyd arna? Hyd yn oed os oedd y beth fach cyn hyllad â phechod, fydda gen i'm mymryn o gwilydd ohoni.

Rydw i mor falch i mi allu deud hynna cyn edrych arni. Roedd hi'n ddigon o ryfeddod. Dim byd tebyg i mi. Taswn i heb fod mor ddiolwg, falla na fydda Mam wedi 'ngadal i. Cwilydd ohona i oedd ganddi, medda Elen Jones. Honno ddaru fy magu i, am nad oedd Nain a Taid mo f'isio i chwaith, mwy nag oedd hitha o ran hynny.

Tasa Metron yn flin efo fi, mi fydda wedi 'ngalw i'n hogan ddrwg a fy siarsio i weddïo am faddeuant, ond dim ond rhoi ochenaid fach ac ysgwyd ei phen ddaru hi.

Ches i rioed amsar i weld un dim yn iawn. Cadw 'mhen i lawr a gneud be oedd raid, o fora tan nos. Ond doedd 'na neb na dim i'm rhwystro rhag edrych y noson honno. Mi fedrwn weld y sêr drwy baena'r ffenast. Dyna'r tro cynta i mi sylwi mor dlws oeddan nhw. Ond doedd hyd yn oed yr un oedd yn sgleinio mwy na'r lleill, ac fel tasa hi'n wincio arnon ni'n dwy, cyn dlysad â 'ngenath fach i. Petha pell, allan o gyrradd, oedd y sêr, a phawb yn gorfod eu rhannu, ond fi oedd pia hon, bob tamad ohoni.

Mi ofynnais i i Metron fedrwn i gael benthyg ei henw hi. Roedd hi'n ddigon bodlon, chwara teg iddi, er y bydda'n well gen i tasa hi heb ddeud, 'Elen ydi enw'ch mam faeth chi hefyd, yntê?' Nath yr un fach 'run smic pan afaelodd y dyn 'ma ynddi'n reit egar a gneud arwydd croes efo dŵr ar ei thalcan. Ond roedd hi'n gallu gweiddi gystal â neb pan fydda hi isio bwyd. A Metron yn gwenu wrth ddeud, 'Does 'na ddim byd o'i le ar sgyfaint y plentyn 'ma, beth bynnag.' Na dim byd arall o'i le chwaith, dim un dim. Mi fyddwn i'n cymyd hydoedd i'w bwydo hi, nid er mwyn osgoi gwaith, ond am mai dyna'r unig gyfla o'n i'n ei gael i fod efo hi.

Ro'n i bron â marw isio gadal y Wyrcws a bod efo'n gilydd drwy'r amsar, ac wrth 'y modd pan ddeudodd Metron ei bod hi wedi cael lle i mi'n forwyn fagu efo rhyw deulu yn y dre. Ond pan holais i pryd oeddan nhw'n ein disgwyl ni yno, dyna hi'n syllu'n galad arna i ac yn gofyn,

'Pwy "ni", Mary?'

'Elen a finna, 'te.'

Gofyn ddaru hi be oedd ar 'y mhen i'n meddwl y fath beth. Sut fydda modd i mi neud 'y ngwaith a gofalu am blentyn? Er i mi addo y byddwn i'n gweithio'n ddwbwl cletach, doedd dim byd yn tycio. Doeddan nhw, pwy bynnag oeddan nhw, ddim isio Elen.

'A' inna ddim yno chwaith,' medda fi.

Ond doedd gen i'm dewis. Fuo gen i rioed ddewis.

Drannoeth ro'n i'n cychwyn am Lŷn, ac Elen fach wedi'i lapio'n glyd mewn siôl fenthyg. Roedd Metron wedi fy rhybuddio i ofalu mynd ar f'union i Langïan. Do'n i ddim isio mynd yn agos i'r lle, na gorfod mynd ar ofyn Elen Jones, ond doedd gen i neb arall.

Mi ges i gwmpeini rhyw hogan ddiarth am sbel. Wedi bod yn ffair Bontnewydd oedd hi, ac ar ei ffordd i weld ei thad. Ma'n siŵr fod gen inna dad yn rhwla; ma'n rhaid fod gen i. Mi ddeudis i gelwydd wrthi hi – deud 'mod i'n mynd â'r un fach at Mam i Langïan. Do'n i ddim am iddi wbod nad oedd gen i na thad na mam. Ro'n i braidd yn ddig efo hi am dynnu sylw at y cramennod ar lygaid Elen a deud y dylwn i 'u golchi nhw efo dŵr cynnas sawl gwaith y dwrnod. 'Mi fydd Mam yn gwbod be i' neud,' medda fi.

Pan ddeudodd Sarah, 'Cym' ofal ohonot dy hun', wrth iddi 'ngadal i, ro'n i'n difaru bod mor siort. Doedd 'na neb erioed wedi deud hynny wrtha i o'r blaen, na malio dim be fydda'n dŵad ohona i.

Hen siwrna ddiflas fuo hi wedyn, fy nhraed i'n llosgi a 'mreichia i 'di cyffio. Doedd gen i ddim tamad o awydd siarad efo rhyw hen ddyn oedd yn trwsio'r bont yn Llanaelhaearn, er ei fod o'n ddigon clên yr olwg. Ma'n rhaid ei fod o'n meddwl 'mod i'n un surbwch iawn.

Wedi mynd ddigon pell, mi steddis i ar wal i fwydo Elen fach a meddwl be i'w ddeud wrth Elen Jones. Fydda 'na ddim croeso i mi yno, roedd hynny'n siŵr. On'd oedd hi wedi darogan lawar tro na fydda 'na ddim da'n dŵad ohona i, mwy nag o Mam, er 'y mod i'n gneud 'y ngora i'w phlesio hi. Sut medrwn i adal yr hogan fach efo hi a finna'n gwbod pa mor gas fedra hi fod? Dyna pryd benderfynis i nad awn i'n agos i Langïan.

Mi gymodd hydodd i mi gyrradd yr Hendre. Wedi bwriadu mynd i'w weld o o'n i, ond fydda hi ddim yn deg i mi ofyn iddo fo edrych ar 'i hôl hi a fynta'n gweithio mor galad. Mi ddeudis i wrthi hi pwy oedd o, ac y galla hi fod yn falch fod ganddi dad mor dda. A dyna hi'n gwenu arni i, fel tasa hi'n dallt yn iawn.

Does 'na ddim gwely brafiach na gwely gwair. Hen ogla sur oedd ar fy ngwely i yn y Wyrcws, ogla cyrff pobol erill oedd wedi bod yn troi a throsi ynddo fo, ac yn crio'n dawal bach ganol nos am nad oedd ganddyn nhw'r un adra na neb i falio amdanyn nhw. Falla ei bod hi'n haws ar rywun fel fi, na fuo gen i rioed gartra. Ond ogla dillad glân ac awyr iach oedd ar y gwair. Mi fedrwn i fod wedi aros lle ro'n i am byth bythoedd, tasa hynny'n bosib. Ac mi wyddwn, wrth i mi orwadd yno ac Elen fach yn 'y nghôl, na fydda 'na 'run lle gwell i'w gadal hi.

Roedd 'na fythynnod o fewn tafliad carrag i'r cae. Fe fydda rhywun yn siŵr o'i chlywad hi'n crio. A dyna fydda hi'n ei neud wedi i mi fynd. 'Does 'na ddim byd o'i le ar sgyfaint y plentyn 'ma,' dyna ddeudodd Metron. Fedra rhywun ddim peidio'i chlywad hi.

Mi lapias ei dwylo hi yn y siôl, rhag ofn iddi gripio'r cramennod a gneud iddyn nhw waedu, cyn i rywun fydda'n gwbod be i' neud, gystal â Sarah, gael cyfla i'w golchi nhw. Yna'i rhoi hi i orwadd ar ei hochor yn y gwely roeddan ni wedi'i rannu, a deud wrthi y byddwn i'n meddwl amdani bob munud o bob dwrnod.

Ro'n i'n brifo drosta wrth i mi gerddad yn ôl am G'narfon, ac yn teimlo'n wag tu mewn, fel taswn i 'di gadal darn ohona'n hun ar ôl. Mi ddyla fod y siwrna'n haws, a finna heb ddim i'w gario, ond doedd hi ddim. Mi dw i'n cofio meddwl fel y bydda un o'r hen wragadd yn y Wyrcws yn lapio'i breichia amdani'i hun ac yn siglo 'nôl a blaen gan neud sŵn cwyno fel anifal wedi cael cweir. Finna'n gofyn iddi, 'Oes ganddoch chi boen, Jane Ifans?' Yr un atab fydda hi'n ei roi bob tro, "Y nghalon i sy'n brifo, Mary fach.'

Ond doedd y poen hwnnw, er ei arwad, yn ddim o'i gymharu â'r poen deimlis i pan ddeudon nhw 'mod i wedi colli Elen fach, am byth. Wedi marw o oerni a diffyg bwyd oedd hi, medda rhyw ddoctor o Bwllheli. Ond roedd hi'n gynnas braf a'i bol hi'n llawn pan adewis i hi. Sut buon nhw mor hir cyn dŵad o hyd iddi? On'd oedd rhyw ddynas wedi clywad sŵn yn dŵad o'r cae y noson honno a meddwl mai bref oen oedd o, er bod y defaid yn dal ar y mynydd tan ddiwadd Mai. Mae pawb call yn medru deud y gwahaniath rhwng bref oen a chri plentyn bach. Pam na fydda hi neu'i gŵr wedi mynd draw i weld? Nid yr Ifan Ifans 'ma oedd pia'r cae, medda fo. Be oedd ots am hynny?

Rhyw hogan o forwyn ddaeth o hyd i Elen fora Sul. Lle roedd hi wedi bod na fydda hi wedi croesi'r cae ddyddia ynghynt? A sut na chlywodd yr un ohonyn nhw'r beth fach yn crio?

Wrth fy ngwaith yn magu plentyn rhywun arall ro'n i pan ddaeth Cwnstabl Pwllheli i fy nôl i. Doedd dim ots gen i lle roedd o'n mynd â fi wedi iddo fo ddeud fod Elen wedi marw. Ond mi oedd ots gen i pan ddeudon nhw ma fi oedd wedi'i lladd hi. Sut galla neb feddwl ffasiwn beth?

Hwnnw oedd y gwely cleta i mi orwadd arno fo rioed. Fedrwn i'n fy myw â chysgu, a finna heb neud dim i flino. Roedd y ffenast fach a'r baria drosti'n rhy fudur i mi allu gweld y sêr hyd yn oed. Doedd fiw i mi symud na llaw na throed rhag ofn i mi ddeffro'r hen hogan gegog ofynnodd i mi pan gyrhaeddis yno, 'Chdi ydi'r un ddaru ladd 'i babi, ia?' Mi 'nes i drio egluro pam 'mod i wedi gorfod gadal Elen fach, ond doedd hi ddim yn fy nghredu i.

Y cwbwl oedd hi wedi'i neud oedd cymyd darn o gaws a thafall o fara o bantri'i meistras am ei bod hi'n llwgu, medda hi. Mi 'ddylias i'n siŵr ei bod hi'n mynd i 'nharo i pan ddeudis i mai dwyn oedd peth felly, a 'mod inna 'di bod ar 'y nghythlwng lawar gwaith ond na rois i rioed fy mhump ar eiddo neb arall. A dyna hi'n rhythu arna i ac yn gofyn, 'W't ti'n gwbod be mae o'n 'i ddeud yn y Beibil am rai 'fath â chdi?' Mi wyddwn i be fydda Elen Jones yn ei ddeud oedd ynddo fo, er nad o'n i'n deall be oedd 'nelo hynny â fi. Pobol ddrwg oedd yn cael eu taflu i'r tân mawr, lle byddan nhw'n sgrechian ac yn crensian eu dannedd. Ond ro'n i'n hogan dda, yn gneud beth bynnag oedd rhywun yn gofyn i mi ei neud, byth yn gwrthod nac yn cwyno. 'Mi ddeuda i wrthat ti,' medda'r hen hogan 'ma oedd wedi dwyn odd'ar ei mistras.

'Llygad am lygad a dant am ddant. Lladd am ladd ma hynny'n 'i feddwl. Dy grogi di, dyna be 'nân nhw, a chei di byth weld dy fabi eto.' Mi fydd hi efo'r angylion a chditha'n rhostio yn uffarn.' Ei diodda hi 'nes i. Cadw'n ddistaw, fel byddwn i pan fydda Elen Jones yn fy mygwth i. Ro'n i'n falch pan ddaethon nhw i fy nôl i. Mi ges i fenthyg ffrog brint a ffedog las gan y ddynas oedd yn edrych ar ein hola ni, lle 'mod i'n codi cwilydd arni. Hi ddeudodd wrtha i mai mynd i 'sefyll fy mhrawf' ro'n i, er mwyn iddyn nhw benderfynu be i' neud efo fi. 'Dangoswch eich bod chi'n edifar, er mwyn popeth, Mary Jones,' meddai hi. Ond edifar am be?

Doedd gen i ddim syniad be oedd rhyw Mr Welsby'n ei ddeud. Ond mi fuo'n rhaid iddyn nhw gael rhywun arall i holi Elen Jones a Sarah a'r lleill gan nad oeddan nhw'n dallt Saesnag, mwy na finna. Mi fuo Sarah yn ffeind iawn, chwara teg, ac ro'n i'n difaru mwy fyth i mi fod yn siort efo hi. Deud ddaru hi fod gen i fyd garw efo'r babi a 'mod i am iddi hi gael y gofal na fedrwn i ei roi iddi hi.

Roedd gan yr hogan o Lanaelhaearn ddaeth o hyd i Elen ddigon i'w ddeud, fel tasa hi wedi gneud rhyw gamp fawr. Wedi gwirioni ar gael sylw, debyg. Doedd y dyn 'na a'i wraig ddim am gyfadda fod bai arnyn nhw. Mi o'n i'n teimlo'n swp sâl wrth feddwl am Elen fach yn gweiddi crio, yno ar ei phen ei hun, a neb yn cymyd unrhyw sylw. Doedd dim byd o'i le ar eu clyw nhw, beth bynnag, a nhwtha'n gallu atab pob cwestiwn.

Roedd gan Elen Jones yr wynab i ddeud y bydda hi wedi cytuno i fagu'r hogan fach, ac wedi gneud y gora iddi hi, fel ddaru hi i mi. Cymyd trugaradd arna i ddaru hi, medda hi, am nad oedd y teulu isio dim i' neud efo fi. Dyna'r tro cynta i mi wbod fod gen i frawd bach, Jabez, gafodd ei eni pan o'n i'n flwydd oed. Falla mai cwilydd o hwnnw oedd gan Mam, nid ohona i, ac mai dyna pam ddaru hi hel ei thraed o Langïan. Mi faswn i wedi licio gallu deud wrth Metron fod gen i frawd. Wydda neb ddim o'i hanas o, yn ôl Elen Jones. Ond sut medra rhywun gredu dynas oedd yn rhaffu clwydda? Mi wylltiodd pan ddeudon nhw wrthi y dyla hi fod wedi 'ngyrru i i'r ysgol Sul i ddysgu darllan a sgwennu. Gwastraff amsar fydda trio dysgu rhyw dwpsan fel fi, na fedra hi ddim meddwl drosti'i hun hyd yn oed, medda hi. A ph'un bynnag, doedd fiw iddi 'ngadal i allan o'i golwg. A dyma'r tâl oedd hi'n ei gael. Ei llusgo drwy'r baw fel hyn, a hitha wedi gneud pob dim fedra hi i neud yn siŵr na fydda'r enath yn mynd yr un ffordd â'i mam. Ond roedd gwreiddyn y drwg yno, o'r dechra.

Mi fydda wedi rhefru ymlaen felly oni bai i'r dyn efo'r wynab ffeind, oedd wedi mynnu eu bod nhw'n estyn cadar i mi pan ddechreuis i grio, roi taw arni. Do'n i ddim yn malio'i bod hi'n deud petha cas amdana i, a finna'n gwbod nad oeddan nhw ddim yn wir, ond ofn oedd gen i y bydda pawb arall yn ei chredu hi.

Mi welis i'r dyn efo wyneb ffeind yn dangos ar ddarn o bapur lle ro'n i wedi gadal Elen, ac yn pwyntio at y rhes bythynnod. Deud oedd o, ma'n debyg, pa mor agos oeddan nhw, ac na fedra'r bobol oedd yn byw yno ddim fod wedi peidio'i chlywad hi. Ro'n i mor falch ei fod o'n dallt. Ond doedd o ddim, mwy na'r lleill, neu fydda fo ddim wedi deud 'mod i'n 'simpil'. Mi wyddwn i'n iawn be oedd hynny'n ei feddwl, nad o'n i'n llawn llathan nac yn gwbod be o'n i'n ei neud. Mi soniodd rwbath am 'milc' a 'ffifar'. Trio deud 'mod i'n sâl oedd o, am wn i, ond celwydd oedd hynny hefyd. Doedd 'na ddim byd yn bod arna i, nac ar Elen fach chwaith, pan adawis i hi. Falla na fedrwn i na darllan na sgwennu, ond do'n i ddim yn dwp. Ac mi fyddwn i 'di bod yn barod iawn i ddysgu, taswn i wedi cael cyfla.

Meddwl am hynny ro'n i pan barodd rhyw ddyn oedd pawb

wedi bod yn ei alw'n 'mei lord' ac yn plygu'u penna iddo fo, i mi godi ar 'y nhraed. Rhywun fel hwnnw oedd Duw, debyg, yn gweld ac yn gwrando bob dim. Fe ddyla fo wbod, felly, 'mod i 'di dewis y lle'n ofalus, ac na fyddwn i byth 'di gadal yr un fach allan o glyw pobol.

Fe ddaru o yrru rhai dynion allan o'r stafall. Ma'n rhaid eu bod nhw wedi gneud rwbath i'w ddigio fo. Mi o'n i'n gobeithio y cawn inna fynd. Fyddan nhw mo f'isio i yn y tŷ 'na yng Ngh'narfon reit siŵr, a do'n inna ddim isio magu plentyn rhywun arall, ddim rŵan na fedrwn i gymyd arna ma Elen oedd hi. Yr unig beth fedrwn i neud oedd mynd yn ôl i'r Wyrcws a gofyn i Metron chwilio am le arall i mi. Fydda ddim gwahaniath gen i pa mor arw fydda fo, cyn belled â bod 'na 'run babi yn agos i'r lle.

Fe ddaru'r 'mei lord' 'ma adal y stafall hefyd, ond ddeudodd neb wrtha i y cawn i fynd. Roedd y sêt cyn gletad â gwely'r jêl. Ma'n siŵr fod Lisabeth, yr hogan honno ddaru ddwyn y caws a'r bara, yn dal yno. Doedd hynny'n poeni dim arni yn ôl pob golwg, neu fedra hi ddim rhochian cysgu drwy'r nos. Mi aeth 'na ryw hen ias oer drwydda i wrth gofio fel roedd hi wedi deud, 'Dy grogi di, dyna be 'nân nhw.' Ond doedd hi'n ddim ond hogan ddwl oedd wrth ei bodd yn codi ofn arna i. Fe wydda'r bobol bwysig nad oedd gen i ddim dewis, a fyddan nhw byth yn crogi rhywun am neud be oedd raid.

Doedd fiw i mi edrych o 'nghwmpas, rhag ofn i mi ddigwydd taro llygad ar Elen Jones. Tasa Metron wedi cael un olwg arni, mi fydda'n dallt pam na fedrwn i roi fy hogan fach yn ei gofal hi. Mi fedrwn ei chlywad hi'n siarad efo rhywun. Lladd arna i oedd hi, ma'n siŵr. Ond dyna ryw ddyn yn codi ar ei draed a gweiddi, 'Seilens in côrt'. Roedd gen i a hitha ddigon o Saesnag i wbod be oedd hynny'n ei feddwl. Chlywis i rioed neb yn deud y drefn wrthi, ond doedd gan hwnnw mo'i hofn hi. Eitha gwaith â'r hen gnawas glwyddog. Sawl gwaith ddeudodd hi ei bod hi'n diolch nad oedd 'na'r un dafn o berthynas gwaed rhyngddi hi a fi. Mi fedrwn inna fod wedi deud 'run peth.

Fe ddaeth y 'mei lord' yn ôl, o'r diwadd, a'r dynion oedd wedi cael eu gyrru allan. Ma'n rhaid ei fod o wedi madda iddyn nhw, a'i fod o'n gleniach un na Duw Elen Jones. Doedd hwnnw byth yn fodlon madda i neb, waeth faint fyddan nhw'n crio ac yn nadu, fel rhai o'r merchad yn y Wyrcws oedd yn mynd ar eu glinia i ddeud 'ma'n ddrwg gen i' ganwaith drosodd, er nad oedd ganddyn nhw ddim syniad be oeddan nhw wedi'i neud o'i le.

Do'n inna ddim callach be oedd yn digwydd pan afaelodd y Cwnstabl yn 'y mraich i a deud fod y cwbwl drosodd. Mi drias ysgwyd fy hun yn rhydd. Gora po gynta i mi gychwyn am y Wyrcws. Ond roedd o'n gafal fel gefal, a ollyngodd o mohona i nes ein bod ni'n ôl efo'r ddynas oedd wedi rhoi benthyg y ffrog brint a'r ffedog las i mi, a honno'n gofyn iddo fo,

'Wel, a be maen nhw am 'i neud efo hi?'

'Transportesion am oes, diolch i'r Mr Walker 'na. Diniwad ydi hi, medda fo. Wedi colli'i phwyll dros dro am ei bod hi'n diodda o dwymyn llaeth.'

'Dydi hynny ddim yn wir,' medda fi.

A'r ddynas 'na'n deud ma cau 'ngheg a chyfri 'mendithion ddylwn i neud, yn mynnu 'mod i'n tynnu'r ffrog brint y munud hwnnw, ac yn crychu'i thrwyn wrth ei thaflu hi ar bentwr o ddillad budron, er nad oedd 'na 'run smotyn o faw arni.

Lisabeth ddaru egluro i mi be oedd y 'trans' rwbath yn ei feddwl. 'Mi fyddan yn dy yrru di ar long i ben draw'r byd,' medda hi. 'A chei di byth ddŵad yn d'ôl.'

'Waeth gen i lle bydda i,' medda finna. O leia fydda dim rhaid i mi ei diodda hi ddim rhagor. Ond dyna hi'n deud,

'Mi dw inna'n ca'l 'y ngyrru i ffwrdd hefyd. Falla cawn ni fynd efo'n gilydd.'

Do'n i'm isio dim i' neud efo un na fedra gadw'i dwylo iddi'i hun, ond dal 'y nhafod 'nes i, diolch am hynny. Rywdro ganol nos, mi clywis i hi'n galw arna i. Chymris i ddim sylw ohoni. Ond dyna hi'n dechra beichio crio a deud fod yn ddrwg ganddi, drosodd a throsodd. Fydda hi ddim gwell ar hynny, er ei bod hi'n gwbod be oedd hi 'di neud o'i le. Ond deud fod yn ddrwg ganddi wrtha i roedd hi, erbyn dallt, am 'y mygwth i a chodi ofn arna i, a hitha'n gwbod yn iawn 'mod i'n meddwl y byd o fy hogan fach ac ar goll hebddi hi.

''Di gwylltio o'n i am dy fod ti 'di deud 'mod i'n lleidar, 'sti,' medda hi. 'Ond dyna ydw i.'

'Llwgu oeddat ti, 'te?' medda finna. 'Teimlo'n wag tu mewn.'

'Yn rhy wan i sefyll. W't i'n meddwl y gneith Duw fadda i mi?'

'Mi ddyla.'

''Nei di fadda?'

Sut medrwn i wrthod?

Fe ddaeth ati'i hun ar ôl hynny, a fy holi i am Elen. Sonias i ddim am y cramennod ar ei llygaid, dim ond deud mor dlws oedd hi, tlysach hyd yn oed na'r sêr y byddan ni'n dwy'n edrych arnyn nhw drwy ffenast y Wyrcws.

Dyna hi'n codi ac yn gwthio'i bysadd rhwng baria'r ffenast fach, oedd yn gremst o faw, i drio llnau'r gwydra. Ond doedd 'na ddim byd ond düwch i'w weld, er bod blaena'i bysadd cyn dduad â tasa hi wedi bod yn glanhau simdda. Ro'n i'n falch ei bod hi 'di methu. Fydda gen i ddim mymryn o awydd edrych ar y sêr efo neb ond Elen.

Erbyn iddyn nhw ddŵad i'n nôl ni i fynd ar y llong, roeddan ni'n ffrindia go iawn. Wyddwn i ar y ddaear lle roeddan ni'n mynd, ond fydda bod yn forwyn ym mhen draw'r byd ddim gwahanol i fod yn forwyn yng Ngh'narfon, debyg. Doedd 'na'r un ffenast lle roeddan ni'n byw, drwy drugaradd. Mi fuo Lisabeth yn crio'i siâr, yn enwedig yn y nos. Lwcus 'mod i yno i'w chlywad hi. Ofn oedd ganddi, medda hi, ofn y môr mawr fydda'n berwi fel crochan weithia, ofn be fydda'n ein disgwyl ni 'rochor arall, ofn bod hebdda i'n fwy na dim. Ond doedd gen i'm dewis ond ei gadal hi. Cyn i mi gychwyn am y lle newydd, mi ges i lond bag lliain o ddillad – peisia a chobenni, dwy ffrog frethyn frown, ffedoga, tri phâr o sana a dau bâr o sgidia – digon i bara oes. Mi faswn i 'di bod mor falch ohonyn nhw ar un adag. Mi 'nes i'n siŵr 'mod i'n diolch, ond fydda waeth gen i fod hebddyn nhw a'r unig beth o werth fuo gen i rioed wedi'i gymyd oddi arna i.

Y noson cyn i ni adal y llong, pan oeddan ni wedi cael mynd allan ar y dec i weld lle byddan ni'n glanio, dyna Lisabeth yn gafal yn 'y mraich i ac yn deud, gan snwffian crio,

'Sêr, yli, Mary.'

Ond 'nes i ddim edrych i fyny. A wna i ddim, byth eto.

Oes gafr eto?
Oes, heb ei godro;
Ar y creigiau geirwon
Mae'r hen afr yn crwydro.

Gafr wen, wen, wen,
Ie, finwen, finwen, finwen,
Foel gynffonwen, foel gynffonwen.
Ystlys wen a chynffon
Wen, wen, wen.

Gafr ddu, ddu, ddu.
Ie, finddu, finddu, finddu.
Foel gynffonddu, foel gynffonddu
Ystlys ddu a chynffon,
Ddu, ddu, ddu.

Cyw o frid?

UNIG FAB William a Luned Thomas oedd Tomos William Arthur. Penderfyniad ei dad oedd glynu at draddodiad a rhoi iddo enwau'r ddau daid, ond dewis ei fam oedd yr Arthur. Gan ei fod wedi gwneud ei ddyletswydd a phlesio'r ddau deulu, cytunodd William i'w alw'n Arthur. Ond sylweddolodd yn fuan iawn pa mor anaddas oedd yr enw hwnnw. Nid oedd yn ei fab arlliw o'r rhinweddau a wnâi arwr. A dweud y gwir, fe'i câi'n anodd gweld unrhyw rinwedd ynddo. Byddai'n well petai wedi glynu at yr enw Tomos, gan fod yr hogyn, gwaetha'r modd, yr un ffunud â thad Luned. Mochyn mawr blêr oedd hwnnw, petai'n weddus dweud, yn baglu'i ffordd drwy fywyd gan dynnu pobol yn ei ben a gadael llanast ar ei ôl. Roedd o wedi ymddeol yn gynnar – er ei fod wedi rhoi'r gorau i weithio ymhell cyn hynny – a llusgo Gwen, druan ohoni, i fflat yng Nghaerdydd o fewn cyrraedd i Barc yr Arfau. Ef, Tomos y Tarw, oedd chwaraewr enwocaf tîm rygbi'r dref cyn iddo fagu bol a gorfod dibynnu ar ei ddyrnau yn hytrach na'i ddwylo – un oedd wedi ennyn parchedig ofn, gan nad oedd rheolau'n golygu dim iddo.

Roedd gweld Tomos yn cythru am y babi fel petai'n bêl rygbi yn gwneud i William deimlo'n swp sâl. Ofnai yn ei galon y byddai i'r Tarw anghofio lle roedd o a phlymio dros y llinell gais ar ei fol mawr, yr un bach yn sentan 'dano. Bu'n byw mewn ofn am wythnosau wedi i Tomos hel ei draed chwarter i dri am Gaerdydd. Beth petai hwnnw'n creu helynt, yn cael ei wahardd o Barc yr Arfau, ac yn dychwelyd i ddial ar bawb? Ond, yn raddol, ciliodd yr arswyd a gallodd edrych i lygaid ei gymdogion am y tro cyntaf ers blynyddoedd. Nes iddo weld un diwrnod, yn wyneb yr Arthur a eisteddai yn ei gadair uchel, adlewyrchiad o'r wyneb hwnnw a oedd wedi peri iddo ddeffro'n domen o chwys sawl noson.

Clywed Luned yn rhoi ebychiad bach barodd iddo edrych i fyny o'i bapur a sylwi ei bod hi'n un llanast o gwstard wy. Cododd o'i gadair, cymryd y llwy oddi arni, a'i phlannu yn y ddysgl. 'Eroplên, yli,' meddai, a dynwared sŵn honno wrth iddo lywio'r llwy drwy'r awyr i gyfeiriad ceg ei fab. Ond saethodd dwrn allan a pheri i'r cwstard dasgu i bob cyfeiriad.

'Be w't ti'n drio'i neud, y 'sglyfath bach?' gwaeddodd.

'Hisht rŵan, William. Damwain oedd hi, 'te?'

'Damwain o gythral!'

'Dim ond babi ydi o.'

'Rŵan ydi'r amsar i'w setlo fo.'

'Setlo?'

'Dangos iddo fo pwy ydi'r bòs.'

Bu'r Tomos hŷn yn fabi unwaith, yn gannwyll llygad mam nad oedd erioed wedi gwneud unrhyw ymdrech i'w setlo. Ond peth creulon fyddai dweud hynny wrth Luned, a hithau'n gweld eisiau ei mam ei hun. Byddai gofyn iddo ef gadw cow ar hwn, o'r dechrau. Pan sylwodd fod Luned yn paratoi i roi cynnig arall, cipiodd y ddysgl oddi arni. Dechreuodd y bychan sgrechian a chicio'r gadair â'i holl nerth.

'Dydi o ddim yn dallt, 'sti.'

'Mi ddaw i ddallt.'

Ond ddaeth o ddim, ar waethaf holl ymdrechion ei dad.

Unwaith y daeth o hyd i'w draed, roedd y cymdogion a rannai ryddhad William o weld Tomos yn gadael am y De yn byw ar bigau'r drain unwaith eto. Doedd fiw iddynt droi eu cefnau am eiliad na fyddai Arthur wedi gwneud rhyw smonach neu'i gilydd. Rhusio drwy wely *dahlias* Mrs Parry drws nesa a phi-pi dros y corrach roedd ganddi gymaint o feddwl ohono am ei fod yr un ffunud â'i diweddar ŵr. Clymu cath Rhif 4 gerfydd ei chynffon wrth giât yr ardd, a chodi cymaint o ofn ar ieir y tŷ pen nes eu bod nhw'n rhoi'r gorau i ddodwy. A dim mymryn o ots ganddo nad oedd enw Mrs Parry ymysg enillwyr y Sioe Flodau am y tro cyntaf ers blynyddoedd a bod teulu tŷ pen yn gorfod dygymod heb wyau i frecwast.

Ond roedd ots gan William – gymaint felly nes mynd ati i droi'r ardd i Mrs Parry, yn barod at y flwyddyn nesaf, a phrynu dwsin o wyau yn Spar bob wythnos. Doedd o ddim elwach o fod wedi llafurio a gwario – teulu'r tŷ pen yn cwyno nad oedd wyau Spar i'w cymharu â'r wyau cartref, a Mrs Parry yn pwyntio at y silff ben tân lle'r arferai'r gwpan arian gael ei gosod, ac yn dweud â dagrau yn ei llygaid, 'Thyfa i byth 'run *dahlia* eto.' Roedd y gath, hyd yn oed, yn hisian wrth iddo fynd heibio, a gallai daeru fod y corrach yn syllu'n gyhuddgar arno dan ei guwch, yn union fel y byddai Huw Parry.

Yna, un diwrnod, digwyddodd glywed sgwrs rhwng dau o'r cymdogion.

'Fydd Tomos Evans byth farw tra bydd yr hogyn 'na byw,' meddai un.

'Cyw o frid,' meddai'r llall. 'Luned druan.'

Ond beth amdano fo, yn gorfod sleifio efo'r cloddiau a'i ben i lawr a thrin yr ardd yn hwyr fin nos wedi i bawb fynd i glwydo? Diolchodd ganwaith fod ganddo, fel rheolwr siop ddodrefn Home Comforts, ystafell i gilio iddi yn hytrach na gorfod bod wrth gownter.

'Ddeudis i'n do?' meddai wrth Luned.

'Deud be?'

'Fod isio dangos iddo fo pwy oedd y bòs.'

'Mi 'nest ti dy ora.'

'Tomos, dyna ddylan ni fod wedi'i alw fo. Be nath i ti fynnu ar Arthur?'

'Am fod un Tomos yn fwy na digon. Ond dyna ydi o, 'te?'

A dyna oedd o i Margaret Ann Davies, prifathrawes ysgol y pentref. Ei methiant cyntaf mewn ugain mlynedd. I un oedd wedi arfer rheoli pawb a phob dim, loes calon iddi oedd gorfod cyfaddef hynny.

Cafodd William a Luned orchymyn i alw yn yr ysgol.

'Fedra i ddim dygymod â rhagor o hyn,' meddai mewn llais crynedig.

'Na finna,' sibrydodd William.

Syllodd Luned yn bryderus arnynt. Roedd y ddau fel pe baen nhw wedi cael eu taro'n fud: William yn ei gwman ac mor llipa â chadach llestri, a Miss Davies yn ddim ond cysgod ohoni ei hun. A'i mab hi oedd yn gyfrifol. Torrodd ar y tawelwch i ofyn,

'Be mae Arthur wedi'i neud, felly?'

'Bob dim na ddyla fo'i neud.'

Clywodd William yn dweud dan ei wynt,

'Dydw i ddim isio gwbod.'

Parodd hynny i Miss Davies sythu yn ei chadair a'i gorfodi ei hun i gofio pwy oedd hi.

'Wyddoch chi ers faint rydw i wedi bod yn brifathrawes ar yr ysgol 'ma?' holodd.

'Ugian mlynadd. Ro'n i ar fy mlwyddyn ola pan ddechreuoch chi.'

'Yn hollol, Luned Evans . . . ugain mlynadd hapus iawn, a llwyddiannus greda i. Ac i feddwl fod un bachgen wedi dinistrio'r holl waith da. Mae o'n rhusio drwy'r lle 'ma heb na pharch i neb na dim, fel . . . fel . . .'

'Gafr ar drana?'

'Ia, debyg, er na wn i ddim byd am eifr, William Thomas.'

'Maen nhw'n greaduriaid dinistriol iawn, ac yn byta bob dim y cân' nhw afael arno fo.'

'Un go fisi efo'i fwyd ydi Arthur,' meddai Luned, mewn ymdrech i achub cam ei mab. 'Ac mae geifr yn betha bach digon annwyl. Wedi cael enw drwg maen nhw.'

'A'i haeddu o. Be wyddost ti am eifr, p'un bynnag?'

Cwestiwn gwirion, meddyliodd William, a hithau'n ferch i'r bwch gafr mwyaf rheibus a welodd neb erioed.

'Roedd gen i un erstalwm. Un fach wen, ddigon o ryfeddod.'

'Be ddigwyddodd iddi hi?'

'Mi gewch chi drafod hynny rywdro eto,' meddai'r brifathrawes, yn y llais awdurdodol hwnnw a fyddai'n gwneud i'r Luned fach swatio yn ei sêt. 'Rydw i am i chi fynd â'r rhain adra efo chi,' ac estyn pentwr o bapurau oddi ar ei desg.

'Be ydyn nhw, felly?' holodd William.

'Yr hyn ddylach chi ei wybod am eich mab. Rydw i wedi gwneud hynny alla i.'

'A ninna, ers wyth mlynadd.'

'Mi driwn ni'n gora,' sibrydodd Luned, gan syllu mewn anobaith ar y geiriau 'cwynion rhieni' wedi'u tanlinellu mewn inc coch.

Daeth sŵn sgrechian o'r iard, yn cael ei ddilyn gan y chwerthin haerllug yr oedd hi mor gyfarwydd â fo. Cododd Miss Davies ar ei thraed, a gafael yn ymyl y ddesg i'w sadio'i hun. Gadawodd yr ystafell heb air ymhellach.

Cythrodd Luned am y pentwr papurau a'u gwthio i'w phoced.

'Be 'nawn ni efo'r rhein, d'wad?'

''U difa nhw. Os ydi honna wedi methu'i ddofi o, pa obaith sydd ganddon ni?'

'Ond mi 'dan ni wedi addo gneud ein gora.'

'Chdi ddaru addo, nid y fi.'

Dridiau'n ddiweddarach, magodd Luned ddigon o blwc i estyn y tudalennau o'i phoced, a dechrau darllen. Er i William geisio cuddio'r tu ôl i'w bapur, bu clywed yr ochneidio a'r snwffian yn ormod iddo.

'Be sy wedi dy ypsetio di gymaint?' holodd, yn gyndyn. 'Mi wyddost gystal â finna sut un ydi o.'

'Ond mae hyn yn llawar gwaeth na dychryn ieir a malu bloda.'

'A phi-pi dros Huw Parry?'

'Mi dw i o ddifri, William.'

'Finna hefyd.'

'Codi ofn ar y genod bach mae o . . . sbecian arnyn nhw yn y toiled, codi'u sgertia nhw, a deud wrth bawb . . .'

'Deud be?'

'Pa liw nicers maen nhw'n 'i wisgo.'

'Yr hen fochyn bach ffiadd!'

'Pam mae o'n gneud y fath betha, d'wad?'

'Be wn i? Gofyn iddo fo.'

A dyna wnaeth hi, gan gagio ar ei geiriau, a'i gwrid yn uchel. Un ateb oedd gan Arthur – 'am ei fod o'n sbort'.

'Yn sbort codi ofn ar genod bach?' holodd hithau.

Yr unig ymateb i hynny oedd bloedd o chwerthin.

Un o'r cymdogion ddwedodd wrthi, rai wythnosau wedyn, fod Miss Davies wedi ymddiswyddo, a bod perygl y byddai'r ysgol yn cau gan eu bod nhw'n methu cael neb yn ei lle.

'Ac fe wyddon ni i gyd bai pwy ydi hynny,' meddai'n gyhuddgar.

Erbyn i Arthur symud i ysgol y dref, roedd ysgol y pentref wedi cael y farwol. Teimlai Luned yn swp o euogrwydd bob tro y byddai'n mynd heibio. Pan alwodd yn nhŷ Miss Davies i ymddiheuro am ei methiant, gwrthododd honno agor y drws iddi a gweiddi rhywbeth drwy'r twll llythyrau oedd yn swnio'n debyg i 'epil Satan'.

Ateb prifathro ysgol y dref i'r broblem oedd cael gwared ag Arthur bob hyn a hyn, fel bod pawb yn cael cyfle i ymlacio, dros dro.

'Osgoi ei gyfrifoldab, yn union fel y Miss Davies 'na,' cwynodd William.

'Ond be fedra hi fod wedi'i neud, mewn difri?'

'Mynnu fod y genod yn gwisgo trowsusa yn lle sgertia, 'te.'

'Biti na fasat ti 'di awgrymu hynny.'

'Pam ddylwn i? Am faint mae o adra'r tro yma?'

'Pythefnos.'

'Duw a'n helpo ni. Er, dydi hwnnw rioed wedi gneud.'

Ar Luned y syrthiodd y cyfrifoldeb o gadw llygad ar Arthur, gan fod yr holl waith papur yn cadw William yn y siop nes ei bod hi'n t'wllu. Un noson, a hithau ar gychwyn i chwilio am ei mab, clywodd Fred, ei ffrind, yn galw o'r ardd,

'Lle gythral w't ti'n cuddio, Twat?'

Agorodd Luned y drws a chamu allan.

'Chwilio am Arthur ydach chi?' holodd.

'Roedd o yma eiliad yn ôl.'

'Be ddaru chi 'i alw fo?'

'Twat.'

Er nad oedd hwnnw'n air y byddai hi'n ei ddefnyddio, roedd hi'n gyfarwydd â'i ystyr.

'Tomos William Arthur Thomas, Mrs Thomas. T. W. A. T.'

'A be ydi'ch enw chi?'

Syllodd y bachgen yn dosturiol arni. Roedd byw efo'r William Thomas 'na, oedd yn stelcian efo'r cloddia a dim ond yn mynd allan liw nos, wedi bod yn ormod iddi.

'Fred, Mrs Thomas.'

'Fred be?

'Wyn Lewis. Mab Emlyn Lewis, yr iard goed.'

'Fred Wyn Lewis . . . Ff. W. L. yntê?'

Dychwelodd Luned i'r tŷ, yn ferw o gwilydd. Dynes yn ei hoed hi'n mynnu taro'n ôl, fel plentyn! Ond nid oedd Fred fymryn dicach pan aeth i ymddiheuro iddo drannoeth.

'Mi dw i'n addo na alwa i mo'no fo'n Twat eto, Mrs Thomas,' meddai.

'Waeth i chi hynny ddim. Dyna ydi o, mae arna i ofn, a dyna fydd o, am byth.'

Cadwodd Fred ei air. Er na allai ef, mwy na neb arall, gael cow ar Arthur, llwyddodd i dawelu'r dyfroedd sawl tro. Pan adawodd hwnnw'r ysgol, er mawr ryddhad i bawb ond ei rieni a'r cymdogion, cafodd Fred berswâd ar ei dad i'w gyflogi. Ond cyn i Luned gael cyfle i alw yn yr iard goed i ddiolch i'r Emlyn Lewis yr oedd ganddi biti calon drosto, roedd pethau wedi mynd yn ffliwt, ac Arthur yn rhydd unwaith eto i greu rhagor o hafog.

'Deud ddaru o fod Arthur yn anghyflogadwy,' meddai wrth William ar ôl cyrraedd adref. 'Roedd dau o'r gweithwyr wedi bygwth gadal, a nerfa Mr Lewis druan yn racs jibidêrs.'

'Fo oedd wiriona yn rhoi gwaith i'r lembo.'

'Trio helpu, 'te? Falla y gneith Arthur sadio ryw gymint rŵan ei fod o wedi dechra canlyn.'

'Druan ohoni, pwy bynnag ydi hi.'

Honno oedd y gyntaf o lu o ferched, o bob lliw a llun a siâp. Câi Luned gip ar ambell un drwy ffenestr y gegin, yn loetran wrth giât yr ardd. Un diwrnod oer o aeaf, a hithau'n ofni y byddai'r eneth brin ei dillad yn rhewi yn ei hunfan cyn i Arthur ymddangos, aeth i chwilio amdano, a'i gael yn swatio o dan y grisiau.

'Mae 'na rywun yn aros amdanat ti,' meddai'n dawel bach, rhag ofn ei darfu.

'Sut un ydi hi?'

'Un fach wallt gola.'

'Has bîn ydi honna. Deudwch wrthi am hel 'i thraed odd'ma.'

'Fedra i ddim gneud hynny.'

'Mi ddeuda i, 'ta.'

Aeth Arthur at y drws cefn, ei agor ychydig fodfeddi, a gweiddi *'Piss off'* nerth ei ben.

I ffwrdd â'r eneth ga'dd ei gwrthod, dan nadu, i lawr y lôn. A Mrs Parry, oedd wedi clywed y ddau air hyll a'r nadu, yn sibrwd wrth syllu ar y gwacter lle bu'r gwpan arian, 'Mi all honna gyfri'i bendithion. Yn wahanol iawn i mi.'

Ond nid oedd gan yr un wallt du ddaeth at y drws rai misoedd yn ddiweddarach unrhyw fwriad i adael.

'Isio Arthur ydach chi? holodd Luned.

'No way. Isio pres ia.'

'I be, felly?'

'I prynu pram i'r babi o Home Comforts yn dre.'

'Pa fabi?'

'Babi Twat, 'te.'

'O, diar. Ydach chi'n siŵr mai plentyn Arthur ydi o?'

'Be ti'n trio deud? Bo fi'n *slag*?'

Rhythodd yr eneth yn fygythiol arni. Roedd hi ddwywaith ei maint, a'i llygaid yn fflachio mellt.

'Faint?'

'Ma fo'n dau wsnos a *thirteen pounds.* Rhy drwm i fi cario fo.'

'Faint mae'r pram yn ei gostio?'

'Hundred and seventy quid, ia.'

'Rhoswch yn fan'na.'

Rhuthrodd Luned i'r tŷ a chau'r drws ar ei hôl. Roedd yr arian a gadwodd ar gyfer diwrnod glawog yn dal yno, diolch i'r drefn, er yr holl law fu'n curo arni dros y blynyddoedd.

Dychwelodd, a gwthio'r papurau i'r dwylo barus.

'*Cheers*, Naini.'

Cadwodd Luned y cyfan iddi ei hun, o gywilydd. Sut y gallai fod mor barod i gredu'r eneth, a hynny heb geisio amddiffyn ei mab?

Ni chafodd hithau wybod sut y llwyddodd William i lywio'r pram yn slei bach drwy ddrws cefn y siop, i gyfeiliant y '*Cheers*, Taidi'. Ei unig gysur oedd iddo, fel rheolwr Home Comforts, gael gostyngiad sylweddol yn y pris a dalodd am y cerbyd.

Yna, un diwrnod, meddai Arthur, 'Mi dw i'n mynd.'

'I lle'r ei di, 'ngwas i?' holodd ei fam.

'Pwy fydd d'isio di, 'na'r cwestiwn,' ychwanegodd ei dad.

'Taid. 'I hogyn o ydw i, 'te.'

Ac felly, yn ddisymwth, y diflannodd Tomos William Arthur Thomas i'r De. Cawsant ei hanes, wedi'i olygu, gan Gwen dros y ffôn. Ysgwyd ei ben yn rhybuddiol wnaeth William pan ofynnodd Luned,

'Be mae o'n 'i neud, Mam?'

'Edrych ar Sky.'

'Drwy'r dydd?'

'A'r nos weithia. Mae dy dad wedi prynu telefision sgrin fawr, 'fath â pictiwrs, er mwyn cael gweld y rygbi. Fedrodd o rioed gymyd at y lle Mileniwm 'na.'

'Dydi Arthur ddim traffarth i chi, gobeithio.'

'Bobol annwyl, nag'di. Mi dw i'n cael gneud fel y mynna i ond i mi eu bwydo nhw. Hen hogyn iawn ydi Arthur. Mae Tomos yn meddwl y byd ohono fo.'

'Diolch am hynny,' mwmiodd William, cyn cymryd y ffôn oddi ar Luned i ffarwelio â Gwen a diolch o galon iddi am ei gofal dros Arthur.

Fesul tipyn, gallodd William ymlacio digon i drin ei ardd pan na fyddai neb o gwmpas, er ei fod o'n dal i gerdded efo'r cloddiau a'r un mor falch fod ganddo ystafell i gilio iddi yn ystod y dydd. Cadw'i phen i lawr wnâi Luned, hithau, a'r hiraeth am ei mab yn pwyso'n drwm arni.

Ar ei ffordd adref o'r pentref yr oedd hi, heb fod awydd dal pen rheswm â neb, pan welodd Mrs Parry drws nesa yn plygu uwchben pram mawr, crand. Roedd hi'n rhy brysur yn serennu ar ei gynnwys i glywed y cyfarchiad powld, 'Helô, Naini.'

'Dydi o'n ddigon o ryfeddod, Luned? A be ydi d'enw di, 'mach del i?'

'Arthyr, ia. 'Run fath â Twat.'

Cododd Mrs Parry ei phen yn araf.

'O, diar,' sibrydodd.

Syllodd Luned i fyw llygaid ei chymdoges, a dweud, yr un mor bowld â'r fam, 'Hogyn bach Arthur ydi hwn, Mrs Parry.'

Dod dy law on'd wyt yn coelio
Dan fy mron a gwylia 'mriwio,
Ti gei glywed, os gwrandewi,
Sŵn y galon fach yn torri.

O f'anwylyd, cymer frwynen
Ac ymafael yn ei deupen.
Yn ei hanner tor hi'n union
Fel y torraist ti fy nghalon.

Cariad bach

Ni FYDDAI'R Sadwrn wedi bod na gwell na gwaeth na'r un diwrnod arall petai Anna heb ddweud, fel yr oeddan ni'n paratoi i groesi'r stryd fawr, 'Paid ag edrych rŵan.' Edrych wnes i, wrth gwrs, a cholli'r cyfla i groesi. Erbyn i mi gyrraedd Greggs, roedd hi wrth y cownter yn aros amdana i, a chiw hir wrth ei chynffon.

''Run peth ag arfar, ia?' holodd.

'Na.'

'Be 'ta?'

'Dim byd i mi.'

'Make your mind up,' cwynodd llais y tu cefn i ni.

Trodd Anna at y Sais bach penfoel ac meddai, a gwên ar ei hwyneb, '*Keep your hair on, mate.*'

Dechreuodd rhywun bwffian chwerthin. Swatiodd y dyn bach. Biti drosto fo. Mae'n siŵr ei fod o'n difaru iddo agor ei geg. Falla y dylwn i fod wedi ymddiheuro iddo ar ran Anna a finna. Ond gwthio fy ffordd am y drws wnes i, a'i heglu hi oddi yno, nerth fy nhraed, nes cyrraedd y prom, ac eistedd ar y fainc agosaf. Dim ond lle i un oedd 'na, ond pan gyrhaeddodd Anna, yn fyr ei hanadl, meddai, gan roi gwth i mi efo'r pen-ôl sydd, greda i, yn mynd yn lletach bob dydd, 'Symud i fyny, bendith tad i ti.'

Golwg anfodlon iawn oedd ar y ddwy oedd wedi meddiannu'r fainc wrth i mi eu gorfodi i symud eu paciau a chlosio at ei gilydd.

'Fydda'm gwell i ni symud i le arall?' meddwn i.

'Pam dylan ni? Ein gwlad ni ydi hon.'

Roedd hi'n cymryd yn ganiatol mai Saeson oeddan nhw. Ac roedd hi'n siŵr o fod yn iawn, fel arfar. Dŵad yma i bwrpas y bydd y Cymry, i lenwi eu troliau yn Asda, fel pe baen nhw'n paratoi ar gyfer gwarchae.

Pobol ddiarth sy'n treulio'u pnawniau ar feinciau'n wynebu'r môr. Wn i ddim pa fwynhad maen nhw'n ei gael o wneud hynny, awr ar ôl awr. Ond pa obaith sydd gen i o gael atebion i'r 'pam' a finna heb allu gwneud unrhyw synnwyr o 'mywyd fy hun?

Sodrodd Anna ei phenelin yn fy sennau wrth iddi ymbalfalu yn y bag papur am ei bap salad twrci. Syllu ar y môr wnes innau, fel y rhai diarth, ond mi allwn weld, drwy gil fy llygad, ei cheg yn ymestyn i'w heitha a'r saws yn gwaedu rhwng ei bysedd.

'Mi gwelist ti o'n do?' meddai drwy lond cegiad.

'Pwy?'

'Y bastard 'na ddaru dorri dy galon di, 'te.'

'Tasa hi wedi torri, fyddwn i ddim yma rŵan, yn na fyddwn?'

'Blydi hell, mae isio mynadd Job efo chdi.'

Gas gen i ei chlywad hi'n rhegi. Dim ond hen orchast gwirion ydi o. Trio bod yn un ohonyn nhw mae hi, debyg – y plant rydan ni'n gyfrifol amdanyn nhw, efo'u 'with it' a 'get a life'. Rheiny sydd â thyllau yn eu clustiau a'u trwynau a'u botymau bol, ac yn newid lliw eu gwalltiau'n amlach na phob lleuad lawn.

Roedd y merched wedi'i chlywed hefyd.

'Os oes raid i ti regi, g'na hynny yn Gymraeg,' medda fi.

'A be sydd gen ti i'w gynnig, 'lly?'

'Uffarn gols, falla? Dyna fydda Nain yn arfar 'i ddeud. A phetha gwaeth weithia.'

'Go dda hi.'

'Fedra Mam mo'i diodda hi. Na neb arall chwaith.'

'Ond dy Anti Enid.'

'Dewis 'i diodda oedd honno, 'te.'

'Pam, medda chdi?'

'Be wn i? Am 'i bod hi'n mwynhau gneud merthyr ohoni'i hun, debyg.'

'Lle i ddiolch iddi sydd gen ti, am dy achub di a dy fam. A waeth i ti gyfadda hynny ddim.'

Roedd y merched ar y fainc yn dechrau anesmwytho. Mi fedrwn weld un ohonyn nhw'n edrych yn slei arna i. Piti drosta i oedd ganddi, mae'n siŵr, wedi 'nal fel pry bach mewn gwe, ac ar drugaradd y wraig fawr, uchel ei chloch oedd yn paldaruo mewn iaith estron er ei bod hi'n gallu rhegi yn Saesneg.

'Pam w't ti'n gwgu arna i fel'na?' medda hi.

Pan fydd y plant 'cw wedi cael eu cornelu, maen nhw wastad yn llwyddo i achub eu crwyn eu hunain drwy bwyntio bys at rywun arall. Taro'n ôl wnes inna, er nad oedd gen i fawr o obaith cael y gorau ar Anna, a dweud yn gyhuddgar,

'Ddylat ti ddim fod wedi gneud sbort am ben y dyn bach 'na yn Greggs.'

'Jôc oedd hi.'

'Ddim iddo fo. Wyddwn i ddim be i' neud na'i ddeud.'

'Wedi ypsetio oeddat ti, 'te.'

'Fyddwn i ddim tasat ti heb ddeud wrtha i am beidio edrych.'

'Chdi ddewisodd neud. Gora oll. Dyna hynna drosodd. Go brin y gweli di'r cythral yna byth eto.'

'Be nath iddo fo ddod yn ôl yma, d'wad?'

'Nid 'i awydd i dy weld di, reit siŵr.'

Yn ôl i'r ysgol yr es i, o reidrwydd, wedi wythnosau y byddai'n dda gen i allu anghofio amdanyn nhw. A'i weld ddegau o weithiau bob dydd, ym mhob twll a chornel, er ei fod wedi symud i ysgol arall erbyn hynny. Fy ngorfodi fy hun i rannu gorffennol pobol nad oeddan nhw'n golygu dim i mi. A neb ond Anna'n gwybod fod fy nghalon i'n shitrwns.

'Roedd 'na ddynas efo fo, un dal dena, mor wastad â bwrdd biliards. Maint wyth, neu lai.'

''I wraig o.'

'Sut gwyddost ti?'

'Mi 'nes i 'i chyfarfod hi unwaith, y tu allan i'r ysgol. Wedi dod i nôl y plant.'

'Pam na fasat ti wedi deud wrtha i?'

'I be?'

'Falla y bydda hynny wedi bod o help.'

'Doedd o ddim i mi.'

Roedd o wedi fy nghyflwyno i iddi fel Miss Hughes, yr athrawes Hanes, a hynny heb droi blewyn. Finna'n crynu drosta, ac yn methu yngan gair. Fedrwn i ddim diodda edrych arni. Yr un oedd yn rhannu'i wely bob nos, yn deffro wrth ei ochor bob bora. Yr un y byddai'n dychwelyd ati, dro ar ôl tro: 'Mae'n rhaid i mi fynd.' Gwisgo'n frysiog, ac un llygad ar y cloc. Sleifio allan o'r tŷ, fel ci lladd defaid, yn ôl at y wraig ddiwyneb honno nad oedd a wnelo fi ddim â hi. Nes i mi ei gweld wrth yr ysgol y diwrnod hwnnw.

Gafaelodd Anna yn yr hyn oedd yn weddill o'r twrci a'i daflu i'r wylan farus oedd wedi bod yn hofran ychydig bellter i ffwrdd. Wrth i honno gythru amdano, cododd un o'r merched ar ei thraed a dechrau chwifio'i breichiau o gwmpas gan weiddi, '*Shoo, shoo, you nasty bird.*' Erbyn hynny, roedd y llall wedi hel ei thaclau at ei gilydd ac yn paratoi i adael.

'*Nice to meet you,*' meddai Anna, a gwenu arnynt. 'A gwynt teg ar eich hola chi.'

'Dyna ti wedi llwyddo i ddifetha diwrnod y rheina hefyd,' medda fi.

'A chael gwarad â nhw. G'na dy hun yn gyfforddus.'

'Ar y fainc galad 'ma, a'r hen wylan 'na'n edrych fel tasa hi am 'mosod arna i unrhyw funud?'

'Mae ganddi gymaint o hawl bod yma â ni, 'sti.'

'Mi gaiff hi'r lle i gyd iddi'i hun o'm rhan i.'

Er fy mod i'n ysu am gael mynd a gadael y ddwy efo'i gilydd, dal i eistedd yno wnes i.

At Anna yr es i'r noson erchyll honno. Rydw i'n cofio meddwl am y ddamwain gafodd Mam pan lithrodd y car ar rew, ac fel y bu'r doctor yn yr ysbyty wrthi am oriau'n tynnu darnau gwydr y sgrin wynt o'i hwyneb. Ond roedd yr ysgyrion calon o'r tu mewn i mi, ac yn amhosibl cyrraedd atyn nhw.

'Be sydd gen ti awydd 'i neud pnawn 'ma?' holodd yn glên, fel petai'r hanner awr diwethaf eisoes wedi mynd yn angof.

'Dim byd, o ddifri.'

'A sut mae gneud dim byd, meddat ti?'

'Mi fedris i neud hynny am wythnosa.'

'Ond roedd yn rhaid i ti anadlu, a byta, a gneud dy fusnas, 'doedd?'

A dyna hi wedi cael y gorau arna i, unwaith eto, damio hi.

'Awn ni i weld dy Anti Enid, ia?'

'Pam dylan ni?'

'Am ei bod hi'n dal yno, ac ar ei phen ei hun.'

'Mae'r cariad bach efo hi.'

Dyna fydda Anti Enid yn galw'r mwngral roedd hi wedi mynnu dod â fo i'w chanlyn. 'Yr awfft' neu'r 'pwll diwaelod' oedd o i Nain. 'Mae'r creadur yn llwgu,' medda fi, wrth ei weld yn syllu'n erfyniol arna i a'r glafoerion yn hongian yn llinyn o'i geg. A Nain yn deud, 'Choelia i fawr! 'Does 'na ddim digon iddo fo'i gael, mwy na'r llall.'

'Pwy, 'lly?'

'Y dyn 'na oedd Enid yn ponshian efo fo. Y "cariad bach" arall ddaru ei thaflu hi ar y doman ar ôl cael be oedd o isio.'

'Mi oedd gan Anti Enid gariad?' medda fi, yn methu credu'r fath beth.

'Dyna oedd hi'n ei feddwl. Ond hen gi oedd ynta.'

Mae'n debyg fod hynny'n beth milain i'w ddweud. Ond un felly oedd Nain, un am alw rhaw yn rhaw bâl. A thaflu baw. Mi fyddwn i wedi cael fy siâr o hwnnw petai hi yma rŵan.

'W't ti'n meddwl fod yr Enid 'na'n gwbod?' medda fi.

'Gwbod be?'

'Amdana i. Fuo gen i rioed fawr o fynadd efo hi.'

'Siawns nad oes gen ti rŵan.'

Mi fedrwn deimlo'r cwilydd yn codi'n wrid i fy wyneb, yn dal ar fy anadl. Roedd tarth yn cuddio'r prom a'r môr y tu hwnt, a minnau'n ôl yn y llofft a gwres ein caru'n sychu'n chwys oer ar fy nghorff wrth i mi ei wylio'n craffu ar y cloc ac yn cythru am ei ddillad. 'Mae'n rhaid i mi fynd.' Fy nghlywed fy hun yn erfyn arno i aros. Ro'n i ar fy ngliniau ar lawr, ac yn plethu 'mreichiau am ei goesau. Un noson, dyna'r cwbwl ro'n i'n ei ofyn, un noson o gael gorwedd a deffro efo'n gilydd.

'Pam na fasat ti 'di deud wrtha i pa mor wirion o'n i?'

'Nid fy lle i oedd deud.'

'Tasat ti ond wedi fy rhegi i, fy ngalw i'n bob enw dan haul.'

'A pha well fyddwn i ar hynny?'

Sut y gallai'r Anna na wyddai pryd i ddal ei thafod fod wedi eistedd efo fi, awr ar ôl awr, heb air o gerydd nac o ddannod?

Daliodd y bag papur a'i ben i waered a gwasgaru'i gynnwys ar lawr.

'Helpa dy hun,' meddai wrth yr wylan, nad oedd y waedd na'r chwifio dwylo wedi cyffroi dim arni. A dyna wnaeth hi, wrth gwrs, heb betruso eiliad.

''Na beth arall na ddylat ti mo'i neud,' medda fi.

'Falla ei bod hi'n llwgu, fel y "cariad bach", a phob cariad bach arall.'

Rydw i'n cofio dweud wrth fy nghariad i fy mod i fel un

o'r cŵn y mae sôn amdanyn nhw yn y Beibil, yn aros o dan y byrddau am y briwsion fyddai'n syrthio oddi ar fwrdd y wledd. Ac yntau, oedd yn eistedd wrth y bwrdd ac yn ei helpu ei hun i'r danteithion, yn mynnu fod briwsion yn well na dim. Efallai y dylwn i fod wedi bodloni ar hynny. Ond eisiau rhagor ro'n i, fel y pwll diwaelod a'r hen wylan wancus.

'Do'n inna ddim gwell na nhw. Gofyn gormod wnes i, 'te?'

'Chydig ar y naw gest ti.'

'Doedd gen i'm hawl disgwyl rhagor.'

'Nag oedd.'

'Pam w't ti'n deud hynna?'

'Chdi ddeudodd, nid fi.'

'A chditha'n cytuno, rŵan ei bod hi'n rhy hwyr.'

'Uffarn gols, fel bydda dy nain yn 'i ddeud, i be dw i'n boddran efo chdi, d'wad?'

Roedd hi'n mynd a 'ngadael i, ar ôl gwneud stomp o 'niwrnod inna. Ond rŵan fy mod i wedi cael y fainc i mi fy hun, doedd gen i ddim mymryn o awydd aros yno, hyd yn oed os oedd gen i rywfaint o hawl ar y lle. Galw i weld Mam, dyna ddylwn i fod wedi'i wneud, ond ro'n i wedi cael fy hambygio ddigon am un diwrnod heb gael fy atgoffa o'r hyn mae hi wedi'i ddiodda, er nad oes mymryn o ôl y darnau gwydr ar yr wynab llyfn, glân. Penderfynu mynd i weld Anti Enid, na fydd hi byth yn cwyno iddi'i hun nac yn gweld bai, wnes i.

Roedd hi wrthi'n rhannu'i the efo'r cariad bach. Finna'n gofyn, wrth weld y glafoer yn hongian o'i weflau,

'Ydi hwn yn rhoi'r gora i fyta weithia?'

'Dim ond pan fydd o'n cysgu. Dyna'i gysur o, 'sti, bwyd a chwsg.'

'A be amdanoch chi?'

'Fy nghysur i ydi gallu rhoi hynny iddo fo.'

Yn ôl Anna, roedd Enid wedi aberthu swydd dda er mwyn dod i ofalu am Nain. A dyna hi, rŵan fod honno wedi mynd, yn bodloni ar dreulio'i dyddiau'n tendio ar y bolgi 'na. Doedd yr aberth, os aberth hefyd, na cholli cariad, a chymryd mai dyna oedd o, wedi tarfu dim arni.

Pan ofynnais i iddi sut oedd hi, o ran cwrteisi'n unig, medda hi, heb betruso, 'Mi dw i'n dda iawn, diolch.'

Tybed ddaw 'na amser pan fedra innau ddeud hynny? Mae un peth yn siŵr, wna i byth ddibynnu ar gi am gysur.

'Does 'na ddim golwg rhy hapus arnat ti. Ro'n i'n meddwl dy fod ti wedi dechra cael petha i drefn bellach.'

'Mi o'n i, ryw fath, nes i mi 'i weld *o* yn y dre bora 'ma.'

'Y "fo" aeth yn ôl at 'i wraig?'

'Adawodd o rioed mohoni hi.'

'A lle mae Anna gen ti heddiw?'

'Waeth gen i lle mae hi.'

'Rŵan 'i bod hi wedi atab 'i phwrpas, ia? Be fydda wedi dŵad ohonat ti hebddi?'

Roedd hi wedi codi'i phen, a'r llygaid oedd yn arfar bod mor ddifynegiant â rhai doli degan yn llawn mileindra.

'Dyna'r math o beth fydda Nain wedi'i ddeud,' medda fi, yn difaru f'enaid 'mod i wedi mynd yn agos i'r lle.

'Y gwir 'te, faint bynnag oedd hwnnw'n brifo. Ond dw't ti ddim isio'i glywad o, yn nag oes, mwy nag o'n i?'

A do'n i ddim am aros yno i glywed rhagor chwaith. Yno y gadewais i nhw, hi'n dal i roi, a'r cariad bach yn dal i gymryd. Ond os o'n i'n rhydd i adael, doedd gen innau ddim dewis ond mynd yn ôl i'r fflat. Fe ddaru Anna awgrymu unwaith y gallwn i symud i mewn ati hi. 'Be fydda gen y plant 'na'n 'rysgol i'w ddeud am hynny?' medda fi, a gwylltio'n gacwn pan ofynnodd hi, 'Ydi o ots?' Roedd gen i syniad go dda be fyddai'r uffernols bach yn ei ddeud. Dwy ddynas yn rhannu tŷ a'r un dyn ar gyfyl y lle! Mae'n siŵr fod ganddyn nhw ddewis o eiriau ar gyfar rhai felly, er na wyddwn i ond am un. Dyna oedd Nain yn galw'r ddwy oedd wedi dod i fyw i'r drws nesa. 'Gola'n un llofft, a'u dillad isa nhw'n lapio am 'i gilydd ar y lein,' medda hi. 'Ych a fi!' Go brin y byddai hynny'n mennu dim ar y plant, sydd wedi dygymod â phob math o fyw. O, na, un jôc fawr fyddai'r cwbwl iddyn nhw.

Mynd i 'ngwely, ac aros yno tan fora Llun, dyna o'n i eisiau ei neud, ond fedrwn i ddim diodda agor drws y llofft a 'ngweld fy hun yn fy nghwman ar lawr, yn rhy syfrdan i allu crio hyd yn oed. Petai o ond wedi estyn amdana i a 'nal i'n glòs, fe allai fod wedi clywed sŵn y rhwygo, ond mynd wnaeth o, fel pob tro arall.

Rydw i wedi cyrraedd yr ysgol ar y blaen i bawb ac yn eistedd ar wal yr iard, yn brifo drosta wedi dwy noson o slwmbran mewn cadair. Mae rhyw sŵn curo di-baid yn torri ar y tawelwch, a hwnnw'n chwyddo nes llenwi 'mhen. Mi alla i ei weld o'n camu tuag ata i a'r wên y byddwn i'n deisyfu amdani ar ei wyneb, yr un oedd wedi'i bwriadu ar gyfer rhywun arall. Curiadau 'nghalon, dyna ydw i'n ei glywed. Ac mae honno'n dal i guro, yn gryf ac yn gyson, wrth i mi ei wylio'n cerdded heibio i mi at y wraig na adawodd o erioed mohoni. Rydw i'n sibrwd, 'Mi dw i'n dal yma, 'sti', er na fydda ganddo fo unrhyw ddiddordab mewn gwybod hynny.

'Siarad efo chdi dy hun, w't ti?'

Mae Anna wedi cyrraedd, heb i mi sylwi, ac yn edrych yn gam arna i.

'Na, efo fo.'

'Be nesa?'

'Yma roedd hi'n sefyll, lle rw't ti rŵan, yr unig dro i mi ei gweld hi. Ac ynta'n cerddad tuag ati, heibio i mi. Miss Hughes, yr athrawes Hanes – dyna ddaru o 'ngalw i.'

'Dyna oeddat ti, wyt ti, 'te? Mae isio chwilio dy ben di, yn ista fan'ma, o bob man. Dy boenydio dy hun, i ddim pwrpas. A be oeddat ti am 'i ddeud wrtho fo, os ca' i fod mor hy â gofyn?'

Dweud y bydd Anna, nid gofyn, fel petai hi'n gallu darllen fy meddwl i. Mae hynny'n mynd dan fy nghroen i weithiau. Ond rydw i wedi cael y gorau arni'r tro yma.

'Isio deud nad ydi 'nghalon i wedi torri o'n i. 'Mod i'n dal yma.'

'A lle w't ti 'di bod ers dyddia?' medda hi.

'Dwrnod.'

'A dwy noson.'

'Nunlla tu draw i Nan'lla.'

'Yn gneud be?'

'Dim ond be oedd raid, ar wahân i alw ar Anti Enid.'

'Pam 'nest ti hynny?'

'Am 'y mod i angan cysur. Ond does ganddi hi ddim i'w roi. Mae'r blydi cariad bach 'na 'di hawlio hwnnw i gyd.'

'Os oes raid i ti regi, g'na hynny yn Gymraeg.'

Rydan ni'n dwy'n chwerthin, fel tasan ni ddim chwartar call. Fi sy'n sobri gyntaf, ac yn gofyn y cwestiwn na fyddwn i wedi mentro'i ofyn tan rŵan,

''Nei di ddim mynd a 'ngadal i eto, fel gnest ti'r Sadwrn?'

'Gwna, ma'n siŵr, lawar gwaith. Ond yn ôl y do' i, bob tro.'

'Tra bydda i dy angan di, ia?'

'Tra byddwn ni angan ein gilydd.'

Mae hi'n eistedd yn glòs wrth f'ochor i, er nad oes angan hynny gan fod 'na ddigon o le i ddwsin a rhagor o benolau diarth ar hon, a finna'n pwyso 'mhen ar ei hysgwydd, heb falio 'run dam pwy sy'n ein gweld ni.

'Ple buost ti neithiwr, fab annwyl dy fam?
Ple buost ti neithiwr, fab annwyl dy fam?'
'Pysgota, mam annwyl:
O c'weiriwch fy ngwely, 'rwy'n glaf, 'rwy'n glaf,
A'm calon ar fyned i'r bedd.'

Mor browd

ARHOSODD FLORENCE nes bod ei gŵr wedi gadael y tŷ cyn dringo'r grisiau i'r llofft gefn. Er bod y tanc dŵr twym yn llenwi'r ystafell â'i rymblan, gallai glywed anadlu llafurus ei mab wrth iddi groesi at y gwely.

'Wy'n dost, Mam.'

Eisteddodd Florence ar yr erchwyn, a thynnu'i llaw'n dyner dros y pen cyrliog. Un eiddil odd e 'di bod, o'r dechre'n deg, yn godde o ddiffyg ana'l a diffyg gwa'd, a'i esgyrn e'n gwmws fel rhai cyw iâr. Pan odd e'n un bach yn rhannu llofft 'da nhw, a'r llefen yn hala Jack yn benwan, fydde fe'n galw am Addie ac yn gweud 'thi, 'Put the little bugger through the window.' Hithe'n mynd â fe i'w gwely cynnes yn yr atig. Ond 'da'i fam odd 'i le fe, nage'r forwyn.

Rhodd oddi wrth Dduw odd hwn. Rodd hi 'di goffod dishgwl deng mlynedd cyn cael maddeuant am y pechod o genhedlu plentyn y tu allan i briodas, plentyn na chafodd weld gole dydd. Ond alle hi ddim rhannu'r rhyddhad hwnnw â Jack. On'd odd e 'di troi'i gefen ar y capel ers blynydde ac yn beio Duw am bopeth. Be fydde 'da'i hen ewyrth, Gwilym Marles, yr odd e'n honni bod â'r fath feddwl ohono, i' weud petai wedi'i glywed yn rhegi Nancy bore heddi?

Brwydrodd Florence i ddala'r dagrau'n ôl.

'Wy'n gwbod beth neiff i ti dimlo'n well. Bara lla'th, ife?'

Ie, 'na'r cyfan oedd e 'i angen, am nawr, ta beth. Dim rhagor o bysgota am storïe mewn ysbyty, swyddfa heddlu, gorsaf dân, cyngerdd a garddwest. Ddo, rodd y cyw gohebydd mwyaf truenus a fu eriôd wedi cered mas o'r *South Wales Evening Post* i fod yn fardd llawn-amser.

'Ddwa i ag e lan i ti.'

Taclusodd Florence y dillad gwely a tharo cusan ar ei dalcen. Odd e'n 'whys diferu.

O'n nhw'n 'i 'witho fe'n rhy galed 'sha'r hen bapur 'na. "I dad odd 'di trefnu'r cyfan, heb ystyried shwt bydde'r crwt yn ymdopi 'da'r holl redeg abythdu'r lle ym mhob tywydd, a'i frest e mor wan. Be 'se fe'n dala annw'd, a hwnnw'n troi'n niwmonia? 'Na beth laddodd 'i thad, medden nhw, er 'i bod hi'n siŵr taw tiwbyrciwlosys odd arno fe.

Eisteddai Nancy wrth fwrdd y gegin, wedi'i hamgylchynu â llestri brwnt a gweddillion y brecwast. Sylwodd Florence ar y botel inc agored. 'Di bod yn sgrifennu at ei sboner odd hi 'to, yn achwyn am 'i chatre, sbo. Sodrodd y caead yn ôl ar y botel.

'Sawl gwaith wy 'di gweud 'thot ti am bido gwastraffu inc a dy frawd 'i angen e?' meddai'n chwyrn.

'I presume that my raving brother is still in bed?'

'Ma fe'n dost.'

'It's called a hangover, Mam.'

Anwybyddodd Florence y sylw a mynd ati i dorri'r bara'n sgware bach cyn taenu halen drostynt.

'Do you have to do that, for God's sake? The child is seventeen years old.'

'Paid ti cymryd enw'r Arglwydd yn ofer. Ac os nad o's 'da ti ddim gwell i' neud, alli di gliro'r ford.'

'I have no intention of becoming a pathetic little housewife. And I'll be eating on my own in the dining room from now on. Father can't wait to get rid of me. You heard what he said . . . that nobody cares what happens to me and that it's a pity I'm alive.'

Ddyle fe'm fod 'di gweud 'ny. Ond odd Nancy shwt fadam

fach. Yn bump ar hugen o'd, ac yn dala i segura gatre drw'r dydd a whare bod yn rhywun arall yn Theatr Fach y Mwmbwls gyda'r noswithie. Ac yn dishgwl i'w thad, pwr dab, 'i chynnal. 'I unig obeth e nawr odd y bydde hi'n priodi Haydn. Treni fod hwnnw 'di ca'l 'i symud i Lunden. Ond fel wedodd rhywun, 'Absence makes the heart grow fonder'. Gobitho 'ny, ta beth.

Chafodd hi, Florence ddim cyfle i adel i'w chalon gynhesu hyd yn o'd. Yn syden wedi i Jack a hithe gwrdd yn ffair Johnstown, o'n nhw'n briod. Licse hi fod 'di priodi yn y capel a chal cered lawr yr eil yn ei gwyn.

'Shwt ma Haydn yn dod 'mlan 'sha Llunden?'

'Why ask me? I know you've been steaming open my letters, and sealing them back with gum.'

'A pam ma fe'n selio'i lythyre 'te, gwêd? 'Sneb yn gneud 'ny os nad o's 'da fe rwbeth i' gwato.'

'The letters are mine, Mam. And so is what little money I have. Dwylo blewog has been at it again.'

'Am beth ti'n conan nawr?'

'The two shillings and sixpence I had in my purse have gone.'

'Ddylet ti fod yn fwy carcus.'

'And now I have to ask Pop for a pound to give to Eira in place of the one your little darling stole.'

'Pa siort o ffrind yw hi, yn cyhuddo dy frawd o ddwgyd?'

'Co hi 'to, yn achub cam ei hangel bach. Ond odd hi, Nancy, 'di ca'l 'i fesur e o'r dechre. Alle fe'm towlu llwch i'w llyged hi.

'Ta beth, 'sda dy dad ddim arian i' gal.'

Syllodd Nancy'n ddirmygus arni. Beth ar y ddaear barodd i'r D. J. Thomas galluog, uchelgeisiol ddewis Florence Williams, o bawb? Odd 'da'r ddou ddim yn gyffredin. 'Di goffod priodi o'n nhw, yn ôl Addie. Y fath embaras odd hi iddo fe, yn mynnu whilia Cwmrâg a gweud pethe twp fydde'n 'i hala fe'n grac.

Tywalltodd Florence y llaeth cynnes i'r ddysgl ac aros i'r bara fwydo.

Tynnodd Nancy'r llythyr a adawsai ar ei hanner o'i phoced ac estyn am y botel inc.

'Gad ti honna i fod.'

'God, how I hate this miserable house. Once Haydn and me get married, I'll be out of the bloody place for good.'

'Os ti'n dishgwl i Dadi dalu am y briodas, ddyle bo cwilydd arnot ti. 'Se'r holl ffwdan yn ddigon amdano fe.'

'Poor Daddy. So worried, and so sad.'

''Sdim syndod bo fe'n becso a tithe'n began arian 'tho fe bob whip stitsh.'

Llwyddodd Nancy i ddal ei thafod am unwaith.

'Isn't it time you took that upstairs? You musn't leave the child waiting.'

Cyn gynted ag y gadawodd ei mam y gegin, agorodd y botel inc a dechrau ysgrifennu . . .

'Last night, I packed my bag and told them I'm leaving. Pop said, "No such luck, you'll come cringing back, I know."

'Do seal your letters carefully and put lots of wax . . .'

Craffodd Florence ar ei mab yng ngolau pŵl y llofft.

'Shwt ti'n timlo nawr, bach?'

'Yn dost, Mam.'

Treni bo fe'n goffod treulio'i amser 'da'r hen bapur 'na. Bardd, 'na beth odd e moyn bod. Odd hi mor browd pan ddechreuodd e sgrifennu penillion, ac yn dwlu ar ei glywed yn 'u darllen nhw, er na wydde hi beth odd e'n dreial weud. Ond roiodd e'r gore i 'ny wedi iddi hi ofyn pam na alle fe sgrifennu pethe neis fyse pawb yn eu dyall, fel yr emyne o'n nhw'n ganu yng nghapel Walter Road.

Becso odd hi bydde'r holl sôn am wallgofrwydd yn gweud ar ei iechyd. Odd e wastad 'di bod ofan y tywyllwch, ac yn gorwedd ar ddi-hun am orie a'r stafell yn llawn sgerbyde, ysbrydion, adar rheibus, a chyhnron yn gwledda ar gnawd marw. Ach a fi, 'se 'ny'n ddigon i hala unrhyw un off 'i ben!

Ond beth odd i' ddishgwl a Jack yn gadel iddo fe helpu'i hunan i'r llyfre yn y stydi ac yn darllen gwaith y bachan Shakespeare 'na iddo fe cyn bo fe'n beder o'd? Dim gwahanieth nad odd e'n dyall y geirie, medde fe. Timlo'u pwêr, 'na'r peth pwysig. Er bod iwso geirie heb wybod beth o'n nhw'n feddwl yn swno'n beth dansherus iddi hi, feiddie hi'm gweud 'ny.

Ond odd hi, Mrs Hole, yr ysgol fach, i'w beio lawn cyment am yr hunllefe. Fe ddyle un o'i hoedran hi wybod yn well nag adrodd storïe erchyll fel yr un abythdu'r teiliwr 'da'r gwallt anniben a'r coese cochion odd 'di cosbi rhyw grwt bach, na alle hi byth gofio'i enw, am sugno'i fodie drwy'u torri nhw bant â sishwrn anferth.

'Beth o'n nhw'n galw'r crwt hwnnw – yr un gath dorri'i fodie?' holodd.

'Struwwelpeter – little suck-a-thumb.'

'Odd colled ar Mrs Hole yn darllen shwt beth i chi.'

Gan bipo arni dros ymyl y ddyshgyl, gwthiodd ei fawd i'r difeirion llaeth oedd yn weddill, a'i sugno.

'Paid neud 'na.'

'Rhag ofan, ife?'

'Dim ond stori yw hi, bach.'

'If you say so, Mam. I need to sleep now.'

'Ie, cysga di.'

Cymrodd y ddyshgyl oddi arno. Ddyle hi ddim fod wedi'i atgoffa fe o'r stori 'na. Fydde'r sgerbyde a'r ysbrydion a'r teiliwr coese cochion yn dod mas yn y dydd, tybed? Na, feiddien nhw ddim. Gweision y diafol o'n nhw, yn rhodio yn y tywyllwch.

Agorodd gwr y llenni fel y galle hi deimlo'r gole'n mwytho'i hwyneb. Roedd darn o bapur ar y bwrdd wrth ochr y gwely. Craffodd arno. Dwy linell, dyna i gyd, ond roedd ystyr y geirie cyn gliried iddi â'r rhai a glywai bob Sul:

Unless I learn the night I shall go mad.

It is night's terrors I must learn to love.

'Se hi'n rhoi popeth odd 'da hi am aller 'i arbed e, fel odd hi 'di neud ar hyd y blynydde, a'i helpu i orchfygu'r ofne.

❀

Gwyliodd Nicolette ei chwaer yn torri'r bara yn sgwarau bach.

'Who the hell is that for?' holodd.

'The boy upstairs. It's what his mother always made for him when he was ill.'

'Is he ill?'

'He thinks he's dying.'

Gwthiodd Caitlin bentwr o amlenni, a orweddai heb eu hagor ar y bwrdd, o'r neilltu.

'Aren't you going to open those?'

'They'll have to wait for their money.'

'Why should they?'

'Because we have nothing to give them.'

'When you came to sponge off us in Chelsea, Anthony used to call you "the visigoths from Wales".'

'I never heard him say that.'

'He wouldn't dare. I suppose you thought of us as two of your silly white ravens?'

'Yes, I suppose we did.'

Camodd Nicolette allan ar y feranda bregus. Roedd y llanw'n uchel, a gallai deimlo'r niwl oer yn treiddio drwy'i chorff.

'My God, this is such a depressing place,' gwaeddodd. 'Rotting wood, damp . . .'

Taenodd Caitlin yr halen dros y bara, ac meddai gan wenu,

'And there are rats in the lavatory. You can hear them tittering while you shit. But it's what he wants.'

'What do you want, Cat?'

'Him and the three little ones. To dance and get drunk and fight and make love. And that is what I have.'

Pan ddychwelodd Caitlin i'r ystafell, wedi gwneud yn siŵr fod y claf yn glyd ac yn gynnes a bod ganddo stôr o felysion i'w gadw'n ddiddig, roedd ei chwaer yn ceisio cael y tân i gynnau.

'Leave it. We'll make use of the old ones' fire.'

'I will not spend my morning listening to that hen-pecked wife's tittle-tattle and being glowered at by her insufferable husband.'

'You can wait for me in Brown's.'

Dilynodd y ddwy y ffordd gul tua'r pentref, heibio i'r sied fach oedd fel pe'n hofran mewn gwagle. Pipodd Nicolette drwy'r ffenest.

'And this is where he disappears to for hours?'

'He calls it his water and tree room.'

'Is it safe?'

'It is, to him. Like being back in his little bedroom in Cwmdonkin.'

'Still the child.'

'Always the child. Thanks to the doting mother with whom I will now share a cup of tea and the latest gossip.'

Ysgydwodd Nicolette ei phen mewn anobaith. Gallai gofio'i chwaer yn dweud, pan oedden nhw'n grotesi, na fyddai dim yn gwneud ei thro ond dug. A dyma lle roedd hi, yn crafu byw yn nhwll tin byd gydag un yr oedd bod yn blentyn yn caniatáu iddo ddweud a gwneud beth a fynnai.

Safai Florence yn nrws y Pelican. Pan welodd y ddwy, brysiodd i'w cyfarfod.

'Where is he?' holodd yn bryderus. 'Father's waiting for him to do the crossword.'

'Tucked up in bed, with his bread and milk.'

'Druan â fe.' Trodd at Nicolette a dweud,

'That's what I used to give him when he was ill.'

'So Caitlin tells me. Will you excuse me, Mrs Thomas?'

Gafaelodd Caitlin ym mraich Florence a'i harwain i'r tŷ.

Rhythodd DJ arnynt dros ymyl ei bapur.

'No crossword today, then?'

'Ma'r crwt yn dost, Dadi.'

'Is he doing any writing?'

'Five hours every day, but nothing much to show for it.'

Cododd DJ ar ei draed, a dweud, a fflach o'r hen dân yn ei lygaid pŵl,

'My son is a poet, not a labourer.'

❋

Safai Florence Thomas a'i phwys ar feranda'r Boat House.

'Do you mind if I ask you a few questions?' holodd y gŵr dieithr.

'Chi'n galler siarad Cwmrâg?'

'Odw, Mrs Thomas.'

'Bant â chi 'te. Beth chi moyn wybod?'

'Gwedwch 'tho i shwt blentyn odd e.'

'Fel angel bach. Fydde 'i dad a'i whâr yn gweud bo fi'n 'i sbwylo fe, ond 'sen i'n ca'l 'y mywyd i 'to 'nelen i'n gwmws yr un peth. Odd e'n blentyn eiddil, chi'n gweld, angen gofal.'

'Ond yn blentyn hapus?'

'O, odd. Gatre 'da'r teulu odd e moyn bod. 'Se fe byth 'di gadel o ddewish. Wy'n 'i gofio fe'n gweud 'tho i – 'na neis 'sen i'n galler byw heb arian, ontefe Mami, a hala'r amser yn gneud beth wy moyn?'

'Barddoni, ife?'

'Wrth gwrs 'ny. Ond o'n nhw'n pallu rhoi llonydd iddo fe.'

'Nhw?'

'Rhai sy'n credu taw arian yw popeth. Ond beth chi'n neud pan nad yw e 'da chi?'

''Sdim allwch chi neud, o's e, ond treial byw miwn gobeth.'

Trodd Florence ato a'i llygaid yn pefrio. Rodd hwn yn dyall, yn gwybod peth mor dwyllodrus alle gobeth fod. Odd 'i chrwt hi wedi rhoi'r gore i obeithio. Cyn gadel y tro dwetha, ddath e 'nôl deirgweth i roi cusan iddi.

'Ond so'r garanod 'ma'n folon ildo. Whilo amdano fe, 'na beth ma nhw'n neud. Odd 'da fe wastad friwsion yn 'i boced ar 'u cyfer.'

Teimlodd y gŵr dieithr ias oer yn rhedeg drwy'i gorff, ac meddai'n dawel,

'It was my thirtieth year to heaven,
  Woke to my hearing from harbour and neighbour wood
      And the mussel pooled and the heron
        Priested shore.'

'Dylan wedodd 'na?'

'Ie.'

''Na neis, ontefe?'

Syllodd yn dosturiol arni. O fewn blwyddyn, roedd hi wedi colli'i gŵr, ei merch a'i mab. Llonydd, 'na beth odd hi angen nawr.

'Ma'n flin 'da fi beri gofid i chi 'da'r holl gwestiyne 'ma, Mrs Thomas.'

'Pidwch becso am 'ny,' meddai, a chyffwrdd ei fraich â'i llaw fach, gynnes. 'Gofynnwch chi beth chi moyn, bach. Wy mor browd bo fi'n fam iddo fe.'

Dwedwch, fawrion o wybodaeth,
O ba beth y gwnaethpwyd hiraeth;
A pha ddefnydd a roed ynddo
Na ddarfyddo wrth ei wisgo.

Derfydd aur, a derfydd arian,
Derfydd melfed, derfydd sidan,
Derfydd pob dilledyn helaeth;
Eto er hyn ni dderfydd hiraeth.

Hiraeth mawr, a hiraeth creulon,
Hiraeth sydd yn torri 'nghalon,
Pan fwyf dryma'r nos yn cysgu
Fe ddaw hiraeth ac a'm deffry.

Hiraeth, hiraeth, cilia, cilia,
Paid â phwyso mor drwm arna',
Nesa tipyn at yr erchwyn,
Gad i mi gael cysgu gronyn.

Adar caeth

'MAE'N RHAID SYMUD ymlaen,' meddai'r meddyg. Yr un ydi ymateb y gŵr gweddw â'r tro diwethaf a phob tro cyn hynny. 'Fedra i ddim.' Mae'r meddyg, nad oes ganddo fawr o amynedd ar y gorau, yn mygu ochenaid. 'Dydi hynny ddim mor anodd. Rhoi un troed o flaen y llall, dyna'r cwbwl sydd ei angen.' 'Ond fedra i ddim, Doctor,' meddai'r gŵr gweddw, gan suddo'n is yn ei gadair. 'Mi dw i'n sownd yn yr hen gors 'ma. Methu cael fy nhraed yn rhydd.'

Petai hwn yn anifail, byddai ganddo, fel mab i ffermwr a lwyddodd i helpu'i dad i achub buwch rhag suddo i gors, ateb parod. Hyd yn oed heddiw, gall gofio'i gyhyrau'n chwyddo wrth iddo dynnu â'i holl nerth yn y rhaff, cledrau ei ddwylo'n gignoeth a'r gwaed yn llifo rhwng ei fysedd. Ond ni all gofio teimlo poen, dim ond y llawenydd o fod wedi arbed bywyd.

Ond dyn ydi hwn: cysgod o un, o leia, a'r nodiadau ar sgrin y cyfrifiadur yn cofnodi ei ymweliadau cyson.

'Faint sydd rŵan, Mr y – a chraffu ar y sgrin – Rowlands?'

'Tair blynadd a phythefnos.'

Sawl gwaith y mae wedi'i anfon oddi yma efo llond bag o gyffuriau? Lwcus fod y rheiny i'w cael am ddim neu byddai ganddo rywbeth gwerth poeni'n ei gylch erbyn hyn. Y gwir ydi ei fod cyn iached â'r mwyafrif o'i gleifion, yn llawer iachach na rhai. Be oedd y llwdwn yn ei ddisgwyl ganddo, mewn difri? Petai ef yn dymuno achub bywydau yn hytrach na'u hymestyn, byddai wedi ymuno â'r frigâd dân neu'r timau mynydd.

'Rydw i am drefnu i chi weld rhywun arall, Mr – cip eto ar y sgrin – Rowlands.'

'Well gen i beidio. Does 'na ddim byd fedar neb ei neud.'

Pam ddiawl oedd o yma, felly? Ac wedi bod yn dod yma ers tair blynedd.

'Dim ond GP ydw i, fel gwyddoch chi.'

Dim ond? Siawns nad oedd o'n haeddu gwell na hynny ac yntau at alwad pawb ac yn cael ei orfodi i wrando'u cwynion pan nad oedd yn hanner da ei hun.

'Be ydi ystyr hynny, Doctor?'

'Mai trin y corff y bydda i, yn hytrach na'r meddwl.'

'Ond does 'na ddim yn bod ar fy meddwl i.'

Mae'r meddyg yn ystwytho'i fysedd ac yn dechrau teipio'n llafurus. Rŵan fod yr haf drosodd, bydd y gwynegon ar eu gwaethaf. Effaith y cloddio am ddefaid mewn lluwchfeydd erstalwm. Roedd o'n giamstar ar ddod o hyd i'r tyllau anadlu yn yr eira

'Mi fyddwch yn derbyn llythyr o'r ysbyty toc, gyda lwc.'

'Be wna i yn fan'no? Gas gen i hosbitols. Fe ddaru Beti fegian arna i adal iddi aros adra. Rydw i'n dal i glywad clep drws yr ambiwlans aeth â hi oddi arna i, ddydd a nos.'

'Fydd dim angan i chi ond picio i mewn ac allan.'

'A pha well fydda i ar hynny?'

'Dipyn gwell nag ydach chi ar hyn o bryd, gobeithio.'

Fe fydd o, beth bynnag, lawer iawn gwell. Dylai fod wedi gwneud hyn fisoedd yn ôl. Ond mae mynd ar ofyn rhywun arall yn arwydd o fethiant. Gartref ar y fferm, byddai'n ymroi i bob tasg, waeth pa mor anodd. Ni chymrai'r byd â dangos gwendid.

'Deudwch i mi, Doctor, ydach chi'n credu fod 'na ffordd allan o'r hen gors 'ma?'

'Fyddwn i ddim yn feddyg oni bai fy mod i'n credu hynny. Ond mae gofyn i chitha wneud eich rhan.'

'Ac os metha i?'

'Suddo'n is newch chi, mae'n debyg.'

'Faint o ffordd sydd gen i i fynd, tybad?'

'Triwch fentro cyn bellad â'r drws 'na i ddechra.'

Mae'n pwyso'r gloch i wahodd y nesaf i mewn cyn i'r gŵr gweddw godi o'i gadair.

Daw gwraig ifanc nobl i mewn a dweud yn gecrus, 'Symudwch, Dad, fel bod rhywun arall yn cael ei dwrn.'

Mae'n pwyso'i llaw ar ei ysgwydd ac yn rhoi gwth iddo, ac yntau'n mynd â'i ben yn gyntaf am y drws agored.

'Ydi o wedi'ch mwydro chi, Doctor?' holodd.

'Os byddwch chi cystal â chau'r drws, Mrs y . . .'

'Miss Rowlands.'

Wrth iddi gau'r drws, mae'n gweiddi i lawr y coridor, 'Ewch adra ar eich union, a gnewch de i Karen rhag ofn y ca' i ddaliad hir.'

Mae'r meddyg yn ochneidio eto, yn ddyfnach y tro hwn, yn pwyso botwm efo un bys dolurus, a Rowlands arall yn ymddangos ar y sgrin, un iach iawn yn ôl prinder y nodiadau.

'A be alla i neud i chi, felly, Miss Rowlands?'

'Mi dw i'n iawn. Mor iawn â medra i fod yn byw efo hwnna. 'Di dŵad yma ynglŷn â'r hogan fach rydw i.'

Pan gyrhaeddodd y meddyg ei gartref, roedd ei wraig yn eistedd ar y fainc yn yr ardd.

'Mae'r gwynt yn fain, Ann,' meddai dros ei ysgwydd wrth gerdded ymlaen tuag at y tŷ. 'Beryg i ti ddal annwyd.'

'Paid â phoeni. A' i ddim ar dy ofyn di.'

Cododd, a mynd i'w ddilyn i'r gegin.

'Mae dy ginio di yn y meicrodon. Dim ond pwyso dau dim dim a'i roi o 'mlaen.'

Eisteddodd wrth y bwrdd a'i wylio'n craffu ar y rhifau.

'Ydi hi ddim yn bryd i ti gael sbectol?'

'Does arna i'm angan un. Wedi blino rydw i. Be ydi hwn, felly?'

'Beth bynnag mae o'n ei ddeud ar y pacad.'

Dysglaid o lobsgows, dyna fydda'n dda rŵan. Unwaith, yn ystod dyddiau cynnar eu priodas, roedd hi wedi paratoi llond sosban o lobsgows, ond doedd hwnnw'n ddim byd tebyg i'r un fyddai ei fam yn ei wneud. Bu yntau'n ddigon annoeth i ddweud hynny.

'Mi dw i am fynd am gawod.'

Cawod ganol y pnawn a hitha heb wneud dim i faeddu! Byddai'r hen bobol yn gwaredu. Y pistyll bach yn y buarth oedd eu cawod nhw, ha' a gaea.

'Rŵan?'

'Ia, rŵan. Cofia redag dŵr poeth dros y plât cyn ei roi o yn y peiriant.'

Roedd y bwyd wedi sychu'n grimp. Mae'n rhaid ei fod wedi pwyso'r botwm anghywir. Ond doedd ganddo ddim o'i awydd, p'un bynnag. Yr hen boen stumog 'na eto.

Aeth y cwbwl i'r bin. Fydda 'na ddim gwastraff pan oedd o'n hogyn – digon o gegau parod, yn gŵn ac ieir a moch i gythru amdano, er nad oedd byth fawr yn weddill, o ran hynny, wedi i'w fam annog ei dad ac yntau i 'fyta fel tasach chi adra'.

Wedi iddo grafu'r plât yn lân a'i daro yn y peiriant, aeth drwodd i'r stydi, cynnau'r lamp ar y ddesg, a'i throi i gyfeiriad y ffrâm ar y wal. Roedd haen o niwl rhyngddo a'r gwydr. Blinder, a'r straen o syllu ar sgrin y cyfrifiadur am yr holl oriau oedd i gyfri am hynny. Pwysodd yn ôl yn ei gadair. Dim ond iddo oedi ychydig, byddai'r niwl yn chwalu fel y byddai ar y mynydd erstalwm, ac yntau'n gallu gweld y cyfan yn glir.

Ysgytiodd y gŵr gweddw pan glywodd glep y drws ffrynt a throedio trwm ei ferch. Roedd yn anodd credu mai 'run oedd hon â'r hogan fach ddel fyddai'n hedfan o gwmpas y tŷ fel pilipala ac yn glanio ar ei lin. Ei llais cyn ysgafned â'i chorff, a'i chwerthin yn tincial yn ei glustiau. A'r un ffunud â'i mam.

Gwthiwyd drws y gegin yn llydan agored. Caeodd ei lygaid rhag gorfod edrych arni.

'Cysgu ydach chi eto?'

'Mi fydda'n dda gen i taswn i'n gallu cysgu.'

Doedd Beti wedi newid dim dros y blynyddoedd. Gallai blethu'i ddwylo am ei chanol a'i chodi i'r awyr heb unrhyw ymdrech, fel y byddai pan oeddan nhw'n canlyn. Ac yn dal yr un mor dlws.

'Lle mae Karen?'

'Yn ei llofft, am wn i.'

'Ydi hi wedi cael ei the?'

'Doedd hi mo'i isio fo, medda hi.'

'Wrth gwrs ei bod hi. A chitha, debyg.'

'Dim ond panad a brechdan.'

'Siawns y medrach chi fod wedi gneud cymaint â hynny.'

Roedd ei llais hogi lli yn gwanu drwy'i ben. Dim rhyfadd fod y Jac 'na wedi mynnu cael ei draed yn rhydd. Ond doedd hwnnw fawr o gop chwaith, yn mynd a'i gadael hi fel'na a hitha newydd golli ei mam. Ei phitïo hi y dylai o, mae'n siŵr. Dyna fydda Beti wedi'i neud.

'Mi gwna i o rŵan, yli. A cym' ditha bum munud bach.'

'Na, arhoswch chi lle rydach chi.'

Aeth ati i estyn pethau o'r cwpwrdd gan wneud sioe o ymestyn drosto.

'Mae'r hogan yn siŵr o fod yn llwgu. Mi fu'n rhaid i mi aros am hydoedd yn y siop chemist.'

'Be oeddat ti'n ei neud yn fan'no?'

byw? Roedd hwnnw'n gwestiwn na allai ac na fynnai ei ateb. Onid oedd hi wedi llwyddo i osgoi pob 'ond' ac 'oni bai' dros y blynyddoedd er mwyn gallu dygymod â'r gwacter a'r unigrwydd? Tynnodd ei llaw yn rhydd. Roedd ei bysedd fel talpiau o rew. Gadawodd yr ystafell gan gau'r drws derw yn glòs o'i hôl.

Oedodd y gŵr gweddw wrth gownter y siop anifeiliaid anwes. 'Alla i'ch helpu chi? holodd llais ysgafn a thinc chwerthin ynddo. Hogan fach ifanc oedd hi, un ddel a'i gwallt wedi'i glymu'n ôl fel cynffon ebol.

'Mae golwg ar goll arnoch chi.'

''Dydi'r lle 'ma wedi newid cymaint ers pan o'n i yma ddwytha.'

'Faint sydd ers hynny?'

'Deunaw mlynadd.'

Roedd Beti efo fo'r adeg honno, yn ei dywys o gwmpas ac yn gwneud y penderfyniadau drosto.

'Fe ddaru ni brynu bochdew i'r hogan 'cw, ar ei phen blwydd yn chwech oed. Ond dydi hi ddim yn ei gofio fo, medda hi.'

'Fel'na mae plant, yntê,' meddai'r eneth, nad oedd fawr hŷn na phlentyn ei hun. 'Dyna ydach chi isio, ia?'

'Na, bwji.'

'Mae ganddon ni ddigon o ddewis. Iâr 'ta ceiliog? Gwyrdd, glas, llwyd?'

'Dewiswch chi, 'mach i. Wn i ddim byd am adar.'

Daeth ei ferch i'w gyfarfod pan oedd ar ei ffordd yn ôl.

'Be ydi hwnna sydd ganddoch chi?' holodd wrth ei weld yn dal y bocs o hyd braich.

'Bwji, i Karen. 'Di brynu o yn y dre. Meddwl o'n i y gelli di gymyd arnat ma be oedd ei enw fo sydd wedi dŵad yn 'i ôl.'

'Wedi atgyfodi, felly?'

'Ia, pam lai?'

'Dowch i mi gael golwg arno fo.'

'Bydd yn ofalus. Mae 'na dylla yn y bocs, yli, er mwyn iddo fo allu anadlu. Mi fedri di i weld o drwy'r rheiny.'

Cymrodd y bocs oddi arno a'i ddal i'r golau.

'Gwyrdd ydi hwn.'

'Be am hynny?'

'Un glas oedd Bili.'

'Deryn ydi deryn.'

Gwthiodd y bocs i'w ddwylo, ac meddai, ei llais yn gras fel petai'n hel am annwyd,

'Dydach chi'n deall dim.'

'Be wna i efo hwn?'

'Ewch â fo 'nôl i'r siop.'

Ymlaen â hi gan hawlio'r palmant i gyd, llawes ei chôt yn rhygnu yn erbyn y wal a'i gwallt fel tasa fo heb weld crib ers dyddiau. A dyna oedd i'w gael am wneud cymwynas, ia? Ni fyddai'n ddim ganddo agor y bocs a gollwng y deryn 'ma'n rhydd. Ond ni fyddai Beti'n maddau iddo am hynny. Roedd hi mor galon feddal, ac mor barod i weld da ym mhawb, er iddi gael ei siomi dro ar ôl tro. Ond doedd o erioed wedi'i siomi hi. A wnâi o byth mo hynny chwaith.

Newydd gael gwared â llond yr ystafell aros yr oedd y meddyg, ac yn paratoi i adael, pan gerddodd y gŵr gweddw i mewn.

'Lwcus i mi gyrradd mewn pryd,' meddai, a'i ollwng ei hun i'r gadair.

'Ro'n i'n meddwl i ni gytuno nad oes 'na ddim mwy y galla i ei neud i chi, Mr . . .'

'Rowlands. Dyna pam rydw i yma. I arbad rhagor o draffarth

i chi. Ma'n ddrwg gen i 'mod i'n hwyr. Gorfod i mi fynd â'r bwji 'nôl cyn i'r siop gau.'

'Bwji?'

'Wedi'i brynu o i Karen, hogan y ferch. Meddwl o'n i y bydda fo'n gneud yn lle'r un fuo farw. Deryn ydi deryn, yntê, Doctor?'

Nodiodd y meddyg, er ei fod yn credu fod rhagor rhwng aderyn ac aderyn, fel rhwng dyn a dyn.

'Doedd o mo'r lliw iawn, yn ôl y ferch 'cw. Ond sut oedd disgwyl i mi gofio?'

Cododd y meddyg ar ei draed, ei gorff yn gwynio a'i lygaid yn dyfrio. A pha ryfedd, wedi tair awr o wrando un gŵyn ar ôl y llall? Roedd anifeiliaid gymaint haws eu trin na phobol, yn dioddef yn ddistaw, ac mor barod i ymddiried ynddo.

'Fydda ddim gwell i chi ddweud wrtha i pam rydach chi yma?' holodd yn ddiamynedd.

'Mae'n siŵr eich bod chi'n barod i fynd adra bellach, fel finna. Er, dydi hwnnw ddim byd tebyg i'r hyn oedd o. Oes ganddoch chi blant, Doctor?'

'Nag oes.'

'Mi fedrwch ddiolch am hynny. Tyfu i fyny i fod yn siom i chi maen nhw.'

'Deudwch eich negas, ddyn, er mwyn popeth.'

Be oedd yn bod arno fo, mewn difri, yn gweiddi fel'na? Doedd o ddim ffit i fod yn ddoctor.

'Wedi penderfynu rydw i,' meddai'n surbwch.

'Penderfynu be, felly?'

'Nad a' i ddim yn agos i'r hosbitol 'na. Mae Beti'n dibynnu arna i i gadw'r cof ohoni'n fyw, 'dydi. Mi fedrwch ganslo'r llythyr 'na rŵan.'

'Mae hi'n rhy hwyr i hynny.'

'Be wna i, felly?'

'Anghofio amdano fo ac aros lle rydach chi.'

'A suddo'n is i'r hen gors 'na? Ond fe ddeudoch chi fod 'na ffordd allan ohoni.'

'Dim ond i'r sawl sy'n dymuno cael ei achub.'

Teimlai'r meddyg ei goesau'n gwegian. Dychwelodd i'w gadair, a chau ei lygaid. Erbyn iddo eu hagor, roedd y gŵr gweddw wedi gadael.

Yn y tŷ, sydd mor wahanol i'r hyn oedd o, mae'r fam yn sibrwd yng nghlust ei merch fach, 'Mi fyddwn ni'n dwy yn ol-reit, 'sti.'

Drwy gil ei llygad, gall weld y cawell gwag ar silff y ffenestr. Fe ddylai fod wedi cael ei wared, ond fedar hi ddim.

'Hed i ffwrdd, Bili, hed i ffwrdd Jac
Tyd yn ôl, Bili, tyd yn ôl, Jac.'

Roedd hithau wedi crio'i siâr pan fu'r bochdew farw. Wrth gwrs ei bod hi'n ei gofio, yn cofio'r cwbwl. Ei mam oedd wedi mynnu ei brynu, a'i thad wedi cytuno, fel bob amser, yn ei awydd i'w phlesio. Nid oedd ganddo ddim i'w ddweud wrth nag anifail na chreadur. Na'r un aderyn chwaith. A heddiw, roedd o wedi mynd yr holl ffordd i'r dre, er ei fod mor gyndyn o symud, am mai dyna fyddai dymuniad yr un gafodd y cyfan oedd ganddo i'w roi, ac nad oedd arni angen dim bellach.

Mae'r fechan wedi crio'i hun i gysgu. Yn gyndyn o ddychwelyd i'r gwely mawr, oer, mae'r fam yn gorwedd rhyngddi a'r erchwyn, er nad ydi hwnnw mo'r lle mwyaf cyfforddus i un o'i maint hi, gan obeithio y bydd cwsg yn ddihangfa dros dro iddi hithau.

Am y pared, mae'r gŵr gweddw yn croesawu'r tawelwch. Roedd y ferch ifanc yn y siop yn deall yn iawn. 'Fydd yr hogan fach fawr o dro'n dod ati ei hun,' meddai. 'Mae plant yn betha gwydn iawn.'

'Dydi hi ddim hyd yn oed yn cofio'i nain,' meddai yntau. 'Ond wna i mo'i hanghofio hi, reit siŵr, er bod y doctor yn mynnu fod yn rhaid symud ymlaen.'

'Hen beth cas i'w ddeud. Mi faswn i'n ffeindio doctor arall taswn i chi.'

'Does dim angan hynny. Mi dw i'n iawn fel rydw i.'

'Go dda chi.'

Roedd ei gwên bron mor gynnas ag un Beti. Ond dim ond un Beti oedd 'na, a fo oedd pia hi, am byth.

Mae'r doctor yn diffodd y lamp, a'r darluniau'n toddi i'r tywyllwch, ond gall ddal i'w gweld. Yr ysgubor, y beudy a'r domen dail wrth ei thalcen, y tŷ a'i ddrws yn agored a chysgod rhywun yn y cyntedd – ei fam, mae'n siŵr.

Mae'n dringo'r grisiau'n araf a llafurus, yn oedi wrth ddrws ystafell wely ei wraig, ac yn galw,

'Ann. Ga i ddŵad i mewn?'

'Mae hwn yn dŷ i chditha hefyd.'

Mae'n gwthio'r drws trwm yn agored, yn croesi at y gwely, ac yn gofyn,

'Pam deudist ti na fydda gen ti ddim dewis ond fy mhriodi i?'

'Hidia befo hynny.'

'Ond mi dw i isio gwbod.'

'Mi ddylat wbod heb orfod gofyn.'

Byddai'n rhoi'r byd am allu dweud wrtho, am gael symud ymlaen efo'i gilydd, y naill yn cynnal y llall, ond yr unig ateb oedd ganddi i'w gwestiwn, 'W't ti'n meddwl y gallwn ni roi cynnig arall arni?' oedd, 'Be wn i? Chdi ydi'r doctor.'

Myfi sy'n magu'r baban.
  Myfi sydd yn siglo'r crud;
Myfi sy'n hwian, hwian,
  Yn hwian o hyd, o hyd.
Bu'n crio bore heddiw
  O hanner y nos tan dri,
Ond fi sy'n colli cysgu.
  Mae'r gofal i gyd arnaf i.

Prydau parod

ROEDD EU STRYD nhw'n heidio o blant, er nad oedd 'na ond un ohoni hi. Ei mam a'i thad oedd yr unig gwpwl parchus yn y lle. Pawb arall yn epilio fel cwningod, ac yn orchast i gyd. 'Does dim rhaid i mi ond edrych arno fo nad ydw i yn y clwb,' meddai Janice drws nesa. Hithau'n methu deall sut y medrai hi ddiodda edrych ar y Steve hyll, efo blew yn tyfu o'i ffroenau a'i fol cwrw yn hongian dros ei drowsus. Un o'r hogiau ddangosodd iddi pwy oedd y 'fo' 'ma. Roedd y cip gafodd hi ar hwnnw'n ddigon i beri iddi redag adra nerth ei thraed. Ond bu'n poeni am wythnosau wedyn, ofn ei chael ei hun yn y clwb am ei bod hi wedi edrych. Yr unig ddau glwb y gwyddai amdanyn nhw oedd y WI, ar gyfar merchad neis canol oed, a'r un oedd yn gyfrifol am foliau cwrw Steve a'i fêts, ac ni allai ddiodda meddwl am berthyn i'r naill na'r llall. Fe ddaeth i ddeall, mewn amser, mai clwb i ferchad oedd un Janice, ac mai boliau mawr oedd yn rhoi mynediad i hwnnw hefyd. Roedd hi a'i mam yn ddigon saff, felly.

Byddai'r genod yn mynd â'u doliau i lawr i'r parc ar bnawn Sadwrn a hithau'n eu dilyn, er ei bod wedi taflu'r unig ddol gafodd hi erioed i'r llyn a dweud 'gwd ridans' wrth ei gwylio hi'n suddo. Dyna lle bydden nhw'n dwndran y babis cogio, yn gwthio poteli plastig i dyllau o gegau, ac yn newid eu clytiau a'u dillad, ddegau o weithiau. Toc, byddai Sandra, merch Janice, yn cwyno nad oedd 'na ddim llonydd i'w gael, ac yn dweud wrthi hi, 'Dos â'r babi 'ma am dro rownd y llyn, a g'na'n siŵr ei bod hi'n cysgu cyn dŵad yn d'ôl.' Ond roedd Sandra wedi bod yn ffidlan cymaint efo llygaid y ddol fel nad oedd modd eu cau nhw, a doedd hi ddim gwell o gerddad rownd a rownd. I be oedd hi'n gwneud peth mor wirion, mewn difri? Am ei bod hi'n rhy ddiniwad i wrthod, ac ofn cael ei gadael ar ei phen ei hun, dyna pam. Cafodd ei themtio, lawar gwaith, i lynu llygaid y ddol efo *superglue*, fel na fydden nhw byth yn agor wedyn. Ond ar ei phen ei hun y bydda hi am byth petai wedi gwneud hynny.

Dwy lofft oedd 'na yn eu tŷ nhw, ei mam a hithau'n rhannu un, a'i thad yn y llall. Cafodd Mam amsar calad wrth ei geni hi. 'Mi fu ond y dim i mi golli'r dydd,' meddai hi. Er bod ganddi biti dros ei thad weithiau, doedd hi'n gweld dim bai ar ei mam am gadw'i phelltar, ac yntau wedi gwneud iddi ddiodda cymaint. Roedd hi mor falch ei bod wedi cael ei siâp a'i hurddas yn ôl erbyn iddi hi ddod i'w nabod, a'i bod mor wahanol i Janice a'r lleill. A'r un mor falch o gael brolio wrth Sandra mai dim ond un waith yr oedd Mam a Dad wedi gneud 'ti'n gwbod be', ac mai ar ei ben ei hun yn y llofft gefn y byddai Dad yn cysgu. Syllu arni a'i cheg yn agorad wnaeth Sandra, a dweud, 'Dim rhyfadd fod o'n edrych yn ddigalon.'

Ni fu Sandra fawr o dro'n prepian adra. Y peth cynta ddwedodd Janice oedd, 'Mi dw i'n dallt rŵan pam dy fod ti fel w't ti.' Roedd hi'n poeni amdani, meddai, ac yn meddwl fod 'na rai petha y dylai eu gwybod. 'Fel be?' holodd hi. '*Facts of life*, 'mach i. *Birds and the bees*, 'te?'

Dyna hi'n edrych arni a'i phen yn gam, ac yn gofyn, 'Mi dach chi'n byta'n dda yn tŷ chi, 'dydach?'

'Fydd Dad a finna byth yn cyrradd adra nad oes 'na bryd poeth yn barod i ni,' meddai hithau, yn methu deall be oedd a wnelo bwyd â ffeithiau bywyd. Roedd ganddi ryw syniad be oedd y rheiny – digon i beidio bod eisiau gwybod rhagor.

Pan glywodd Janice yn dweud, 'Ond dydi hynny ddim yn

ddigon, Linda', roedd hi o'i cho. Pa hawl oedd gan honno efo'i llond bin o foscys prydau parod i farnu un fel Mam na fyddai byth yn agor na phacad na thun? 'Rydan ni'n cael pwdin hefyd, bob dydd,' meddai. 'Mae Dad yn byta nes ei fod o'n methu chwythu. Arno fo mae'r bai os ydi o'n edrych yn ddigalon.'

Byddai'n well petai wedi cau ei cheg. Roedd Janice am gael gwbod be oedd hi'n ei feddwl wrth, 'arno fo mae'r bai'. A phan gafodd hi wybod, fe ofynnodd, yn sbeitlyd, 'Dyna ma dy fam wedi'i ddeud wrthat ti, ia?' Ni chafodd gyfle i egluro rhagor, dim ond nodio'i phen bob hyn a hyn i gogio'i bod hi'n deall, er mwyn cael llonydd.

Roedd hi'n teimlo'r cyfog yn codi i'w llwnc, yn enwedig pan bwyntiodd Janice at y grisiau a mynnu fod yr hyn oedd yn digwydd i fyny yn fan'no'n llawar pwysicach na phryd poeth a phwdin, a gora po gynta iddi sylweddoli hynny. Ond fe lwyddodd i ddweud, cyn gadael, fod yn gas ganddi hogiau a babis, a'i bod am aros fel roedd hi, diolch yn fawr.

Ychydig iawn barodd y busnas doliau 'na, erbyn meddwl. Cyn pen dim, roedd y genod yn lliwio'u gwalltiau ac yn peintio'u hwynebau a'u hewinedd, er mai dim ond i'r parc roedden nhw'n mynd. Bob hyn a hyn, byddai Sandra'n diflannu i'r llwyn coed efo un o'r hogiau, yn gofyn i Linda edrych ar ôl ei bag, ac yn ei rhybuddio i beidio sbecian. Roedd ganddi syniad go dda erbyn hynny be oedden nhw'n ei neud yno, a dyna'r peth ola oedd hi eisiau'i weld. Byddai'n eistedd ar y fainc, ei phenglinia'n sownd yn ei gilydd, yn diolch ei bod hi'n wahanol.

Doedd ganddi ddim dewis ond mynd i'w dilyn nhw, a chymryd arni ei bod yn perthyn, er nad oedd hi ddim. Erbyn iddi adael yr ysgol a dechrau gweithio yn Spar, roedd Sandra'n fam go iawn. Nid fod hynny'n gneud unrhyw wahaniaeth. Allan yn y Crown y byddai hi bob nos, yn meddwi'n chwil gaib, a

Linda'n gorfod aros yno tan stop tap er mwyn gwneud yn siŵr ei bod hi'n cyrraedd adra'n saff. Ni fyddai hi'n yfed fawr mwy na dryw bach, a gallai wneud i beint bara drwy'r min nos. Gan ei bod hi wedi dysgu sipian yn ara bach, doedd neb ddim callach. Roeddan nhw'n rhy brysur yn slotian ac yn mygu i sylwi, p'un bynnag.

Fe aeth Janice â Sandra i'r clinic i wneud beth bynnag oedd angan ei wneud. Steve oedd yn cwyno fod yr holl grio nos yn amharu ar ei berfformiad o. 'Rhoi cwlwm ynddo fo, dyna ddyla fo'i neud yn 'i oed o,' meddai Sandra, oedd yn cael llonydd i rochian cysgu tan ganol dydd. Fe ddigwyddodd mam Linda ei chlywed hi, ond yn lle twt twtian dyna hi'n dweud, 'Mi fydda'n well tasa fo 'di gneud hynny flynyddoedd yn ôl.' Hwnnw oedd y tro cynta erioed i Linda ei chlywed hi'n siarad yn fudur. Ac roedd ganddi biti drosti. Hi, o bawb, wedi colli'i hurddas.

Dyna fu ei hanes hithau, er nad oedd ganddi fawr o urddas i'w golli. Amau yr oedd hi fod rhywun wedi speicio'i diod tra oedd hi yn y tŷ bach y noson honno. Roedd hi wedi treulio oriau yn fan'no, yn darllen papur pawb y waliau. Trannoeth, roedd ei henw hithau yno, wedi'i sgriffio ar y drws. Roedd hi'n un ohonyn nhw bellach, yn perthyn go iawn.

Os oedd hi'n sobor cynt, roedd hi'n sobrach fyth ar ôl hynny. Ofn oedd ganddi y byddai Janice yn cael ei themtio i ddweud wrth ei mam mor falch oedd hi fod Linda wedi sylweddoli, o'r diwadd, fod 'na amgenach ffordd o gadw dyn yn hapus na thrwy'i stumog, ond y byddai'n well iddi alw yn y clinic, i neud yn saff. Brysiodd i'r drws nesa, i egluro.

'Wedi meddwi o'n i, Janice.'

'Chdi . . . wedi meddwi?'

'Nhw oedd 'di speicio 'niod i. Byth eto!'

Edrych yn dosturiol arni wnaeth Janice a dweud, 'Mi w't ti

'di bod yn lwcus, 'sti. Roedd edrych arno fo'n ddigon i Sandra, fel finna. Falla ma dal yn ôl ydi'r peth gora i ti, nes cael gafal ar hogyn neis, tebyg i chdi dy hun.'

Ei mam gafodd berswâd arni i fynd i un o gyfarfodydd y WI. Waeth iddi hynny ddim, a hwythau'n rhannu'r un bwrdd, yr un gwely, a'r un diffyg diddordeb mewn dynion. Ac roedd gwir angen gwaed ifanc yn y mudiad yn ôl y llywydd. 'Mi gewch chi ofalu am y te, Linda,' meddai, ei gwên a'i dannedd yn ei hatgoffa o Draciwla. Hithau'n ildio, fel yn y parc a'r Crown, er nad oedd hi'n dymuno colli'r un dafn o waed na bod yn un ohonyn nhw.

Yn y WI, o bob man, y cafodd afael ar yr hogyn neis, oedd yn gweithio yn y banc ac wedi dod yno i ddangos sleidiau o fywyd natur. Cecian chwerthin wnaeth hi pan ddwedodd y llywydd, wrth ddiolch iddo, yn Saesneg er mwyn i bawb ddeall, gymaint roedden nhw wedi'i ddysgu am fyd yr adar a'r gwenyn. Roedd hi'n dal i wenu pan aeth â'r te a'r sgons iddo fo. 'Chdi nath y sgons 'ma?' holodd. Dim ond nodio wnaeth hi. Wedi'r cwbwl, hi oedd wedi rhoi'r menyn arnyn nhw. 'Maen nhw gystal â'r rhai ma Mam yn eu gneud.' Ni fu fawr o dro cyn sylweddoli mai dyna'r clod mwya y gallai fod wedi'i roi iddi.

Bu'r ddau'n mynd allan efo'i gilydd i'r coed a'r caeau am dair blynedd. Byddai'n agor giatiau iddi ac yn gwneud yn siŵr ei bod yn gynnes ac yn gyfforddus tra oedd o'n brysur efo'i gamera. Roedd 'na rwbath reit braf mewn cael cariad, a cherdded adra law yn llaw i lawr eu stryd nhw. Byddai hi wedi bod yn ddigon hapus ar hynny. 'Run hen wendid barodd iddi gytuno i'w briodi, debyg. Ofn y byddai'n ei gadael, a hithau'n gorfod dychwelyd i'r Crown, yr unig le roedd hi wedi rhyw lun o berthyn iddo, dros dro. Doedd fiw iddi fynd â fo i'r fan honno, rhag iddo ddigwydd picio i'r lle chwech yn yr iard gefn a gweld ei henw ar y drws. Ond roedd o'n fwy na bodlon ar de gwan a sgons ei fam.

Un sgonsan fawr oedd y Mrs Pritchard, lwmp o does efo dau lygad cyrens nad oedden nhw'n gweld ond yr hyn oedd hi'n dymuno'i weld. Dim ond llun mewn ffrâm ac enw ar garreg fedd oedd y gŵr a'r tad. 'Sut un oedd o, Huw?' holodd Linda unwaith. 'Tebyg i mi.' Ond hogyn ei fam oedd o, a'r naill wedi bod yn ddigon i'r llall nes i Linda gamu rhyngddyn nhw. Ofn mwyaf Mrs P oedd y byddai'r enath yn cymryd mantais ar Huw er mwyn gwneud yn siŵr ohono. Ac er nad oedd yn dymuno bod yn fam yng nghyfraith i neb, ei chred hi oedd ei bod yn well i'w mab briodi o ddewis nag o orfodaeth.

'Iawn, Mam,' meddai yntau.

Ac, 'Iawn, Huw,' meddai Linda. 'Ond nid yn y capal.'

'Yn 'reglwys, 'ta. Er, fydd Mam ddim yn hapus ar hynny.'

'Dy briodi di fydda i, nid dy fam. Y swyddfa, 'te.'

Gofid mwyaf mam Linda, nad oedd hithau'n dymuno bod yn fam yng ngyfraith chwaith, oedd y byddai'n colli parch ei chyd-aelodau yn y WI.

'Mi fyddan yn meddwl dy fod ti wedi rhoi'r drol o flaen y ceffyl,' cwynodd.

'Dydw i ddim. A fydd 'na 'run drol, byth.'

Chwerthin yn sur wnaeth Janice pan ddwedodd hynny wrthi.

'Be w't ti am 'i neud efo'r hogyn 'na, felly. 'I roi o yn y llofft gefn efo dy dad?'

'Does 'na'm lle i bedwar acw.'

'Symud i fyw efo'r hen biwran newch chi?'

'Ia, am wn i.'

'Dim ond lle i ddau sydd yn fan'no, 'te?'

Dyna oedd Mrs P yn ei gredu hefyd. Ac os oedd am orfod rhannu ei mab, byddai'n haws dygymod heb gog yn y nyth. Ei syniad hi oedd y fflat, a hynny'n ddigon pell oddi wrth y fam arall.

'Iawn,' meddai Huw. 'Mi ddo' i i'ch gweld chi ryw ben bob dydd.'

'G'nei, siŵr. Sut un ydi Linda am neud bwyd?'

'Dwn 'im. Ond mae hi'n un dda am sgons.'

'Y peth gora i ti fydda dŵad adra i dy de, gan ei bod hi'n gweithio.'

'Iawn, Mam.'

Ac roedd hynny'n swnio yr un mor iawn i Linda.

Y diwrnod hwnnw yn y swyddfa, llwyddodd ei mam i gadw'i hurddas, a Mrs P i ymddwyn fel y dylai gwraig weddw mewn priodas. Ond roedd pethau'n wahanol iawn y tu allan i'r swyddfa, y lle'n heidio o bobol eu stryd nhw a'u fflyd o blant, ac ambell aelod o'r WI yn hofran ar y cyrion.

Gwthiodd Janice ei ffordd drwy'r dyrfa. O dan gawod o gonffeti, yr oedd y Cyngor wedi'i wahardd er mwyn arbed costau glanhau, clywodd Linda hi'n dweud, 'Cofia be ddeudis i wrthat ti.' Roedd ei mam wedi'i chlywed hefyd.

'A be oedd honna am i ti 'i gofio?' sibrydodd.

'Dim byd o werth.'

'Nag oedd, ma'n siŵr. Wel, dyna ti wedi gneud dy wely. Dim ond gobeithio y bydd o'n un gweddol gyfforddus.'

Pan ddychwelai Huw o dŷ ei fam fin nos a'i stumog yn llawn, câi'r ddau ddwyawr o lonydd braf, ef i roi trefn ar ei sleidiau, a hithau i wneud dim. Ac roedd yr hyn a ddigwyddai o dro i dro yn y tywyllwch yn ddigon pleserus, gan fod Huw mor hawdd ei blesio a hithau'n rhydd i roi o'i bodd, rŵan ei bod hi'n wraig briod.

Nes iddi, un diwrnod, daro ar Janice yn y dref. Syllodd honno'n galed arni cyn dweud, 'Croeso i'r clwb, Linda. Wedi sylweddoli o'r diwadd fod 'na betha pwysicach na phryd poeth a phwdin, ia?'

'Mae Huw yn cael 'i bryda yn nhŷ 'i fam.'

'Ydi, 'mwn, fel pob dim arall. Ond fedar hi ddim rhoi babi iddo fo. Mi w't ti 'di cael y gora arni hi'n do?'

'Dydw i mo'i isio fo, Janice. Gas gen i fabis.'

'Waeth i ti heb â deud hynny rŵan.'

''Nes i ddim meddwl y bydda hyn yn digwydd.'

'Ddim meddwl! Sut medar neb fod mor dwp? Mae gen dy fam lot i atab drosto fo.'

'Mi fu ond y dim iddi golli'r dydd pan ges i 'ngeni.'

'Ond mae hi'n dal yma, 'dydi, a'r dyn bach 'na'n dal i ddiodda.'

Rhythodd Linda arni, ac meddai ar ucha'i llais,

'Cau ceg fydda ora i un fel chi, efo'ch llond binia o bacedi pryda parod a llond tŷ o blant siawns.'

Gwyliodd Janice yn camu'n fygythiol tuag ati. Gwasgodd hithau ei dyrnau, yn ysu am gael plannu un ohonynt yn yr ehangder o fol. Ond roedd rhywun yn gafael yn ei braich ac yn ei harwain o'r neilltu. 'Cofiwch lle rydach chi,' meddai llais cyfarwydd llywydd y WI.

Ysgydwodd Linda ei hun yn rhydd o'i gafael. Oni bai amdani hi ni fyddai dim o hyn wedi digwydd.

'Arnoch chi ma'r bai.'

'Y bai am be, mewn difri?'

'Do'n i ddim isio perthyn i'ch hen glwb chi, yn nag o'n.'

Dychwelodd Linda i'r fflat, wedi colli'r ychydig urddas oedd ganddi'n weddill fel gwraig briod barchus. Ond yr hyn oedd yn brifo fwya oedd sylweddoli ei bod, drwy fyhafio fel caridým ar y stryd fawr liw dydd gola, wedi tresmasu ar urddas ei mam. A chyn pen dim, byddai'n ei gorfodi i'w gwylio'n honcian o le i le a'i bol yn ei harwain, fel Janice a Sandra.

Roedd hi wedi gobeithio mai'r 'Iawn' arferol fyddai ymateb Huw pan ddwedodd ei bod am alw yn y clinic i gael gwared â'r babi. Ond ofni roedd o ei bod yn rhy hwyr i hynny.

'Dydw i mo'i isio fo, Huw. Fedra i ddim diodda babis.'

'Pam na fasat ti 'di deud? Dydw inna ddim rhy hoff ohonyn nhw.'

''Na ni 'ta. Dim ond lle i ni'n dau sydd 'ma, 'te.'

Cafodd wybod gan y doctor yn y clinic, a hynny heb flewyn ar dafod, mai ei swydd o oedd sicrhau parhad yr hil ddynol, a'i bod hi'n fwy na thebol i gario a geni babi.

'Does 'na ddim byd amdani ond gneud y gora o betha,' meddai Huw, ac i ffwrdd â fo ar ei ben ei hun am y coed a'r caeau.

Unig gysur Mrs P oedd fod ei mab wedi priodi o ddewis, ond nid oedd hynny'n gysur yn y byd i'r ddarpar nain arall, a gawsai wybod gan y llywydd am yr helynt a fu. Nid oedd ganddi ddewis bellach ond dygymod â'r gwely hanner gwag ac ar fod yr un fath â phawb arall.

Gwireddwyd geiriau'r meddyg, a llwyddodd y Linda debol i gario a geni'r babi heb unrhyw drafferth. Roedd hwnnw'n fwy na llond ei groen, ac yn llenwi'r lle – ei geg yn agorad led y pen ddydd a nos, fel llygaid y ddol honno, a'r un mor amhosibl ei chau.

'Ydi babi i fod y maint yna, d'wad?' holodd Huw.

'Be wn i?'

'Falla dy fod ti'n 'i orfwydo fo.'

'Be w't ti am i mi neud, 'lly, gadal iddo fo lwgu?'

Rhoddodd gynnig ar hynny, am rai oriau, nes i'r sgrechfeydd beri i Miss Thomas y fflat isa ymlwybro i fyny'r grisiau, ar waetha'i chrydcymalau, i fygwth ei riportio i'r heddlu am esgeuluso'i phlentyn.

'Dydach chi ddim ffit i fod yn fam,' dwrdiodd.

'Nag isio bod.'

'Rhag cwilydd i chi! Ond arnoch chi mae'r gofal, isio neu beidio.'

Ia, y gofal i gyd. Rŵan fod y gwanwyn wedi cyrraedd, gadawai Huw dŷ ei fam am y coed a'r caeau, a dychwelyd i'r fflat liw nos, yn barod am ei wely. Treuliai Linda'r nosau'n rhawio bwyd i'r stumog ddiwaelod rhwng ysbeidiau o hepian ar gadair, ac yn andwyo'i chefn, am byth, drwy gario'i thunnell mab hyd a lled yr ystafell i geisio'i dawelu, ond heb lwyddo.

Yna, un bore, ac yntau wedi ymlâdd cyn i'r diwrnod ddechrau, meddai Huw,

'Mi dw i am fynd i aros efo Mam am noson neu ddwy. Beryg i mi golli 'ngwaith os na cha' i rywfaint o gwsg.'

'A be amdana i?'

'Does gen ti ddim gwaith i'w golli, yn nagoes? A p'un bynnag, mi fedri gymyd napan pryd mynni di.'

Aeth y ddwy noson yn dair, a phedair. Galwodd Huw heibio i hel ei sleidiau at ei gilydd, a llwyddo i ddeffro'r babi.

'Newydd 'i gael o i gysgu o'n i,' cwynodd Linda.

'Mi neith hynny fyd o les iddo fo. Mi alwa i i nôl y rhain ar ôl te. Ma Merched y Wawr wedi gofyn i mi fynd i roi sgwrs iddyn nhw heno.'

'Gobeithio y cei di de a sgons ganddyn nhw.'

'Mi fydd Mam wedi gofalu am hynny. Hi ydi'r llywydd rŵan.'

Y prynhawn hwnnw, llusgodd Linda'r pram i'w chanlyn i lawr y grisiau, a churo ar ddrws Miss Thomas.

'Newch chi edrych ar ôl hwn am 'chydig?' holodd, gan bwyntio at y babi, oedd yn dawel am unwaith wedi'r daith herciog.

'Ond wn i ddim byd am fabis.'

'Mi fydd Huw yma mewn rhyw hannar awr.'

'A pryd byddwch chi'n ôl?'

'Fydda i ddim.'

'Be ddeudoch chi?'

Ond roedd Linda wedi diflannu.

Ni chafodd aelodau Merched y Wawr wybod dirgelion yr adar a'r gwenyn y noson honno na mwynhau yr un sgonsan chwaith.

Yn hytrach na bod yn y cyfarfod yn paratoi'r ffordd i'w mab, roedd y llywydd yn rhoi 'gee ceffyl bach' i'w hŵyr, a hwnnw'n cecian. Paratôdd Huw ei hun am y sgrech oedd i ddod.

'Un garw am grio ydi o, mae arna i ofn,' meddai.

'Choelia i fawr! Yli'r wên fawr 'na. Hogyn 'i dad ydi hwn. Mae o 'run bictiwr â chdi. Be'n union ddeudodd y Linda 'na yn 'i llythyr?'

"I bod hi'n mynd adra, ac nad ydi hi'n bwriadu dŵad yn ôl. 'Di ca'l digon arno fo, medda hi. Peth ofnadwy i fam ei ddeud am ei hogyn 'i hun, 'te? Doedd hi mo'i isio fo, o'r dechra.'

'Ac mi wydda ynta hynny, er cyn lleiad ydi o.'

Wrth iddi lafarganu 'wel, dyna i chi dric', a gweld â'i llygaid bach cyrens yr hyn oedd hi'n dymuno'i weld, meddai'r fam a'r nain,

'Hidia befo hi, mi edrycha i ar 'i ôl o, fel gnes i efo chdi.'

'Ac yn dal i' neud, 'te.'

Swatiodd Linda yn y nyth cynnes wrth ochor ei mam. Rhywle yn eu stryd nhw roedd babi'n sgrechian crio, ond nid oedd a wnelo hynny ddim â hi.

'Nos da, Mam.'

'Nos da, Linda. Cysga'n dawal.'

'Mi 'na i.'

Byddai pob dim yn iawn, rŵan ei bod yn ôl lle roedd hi'n perthyn, a heb ofal yn y byd.

Fy mwyn gyfeillion, dewch ynghyd
Mewn pryd i ganmol y glasbren.
Pren canmolus, gweddus, gwiw,
A'i enw yw y gelynnen.

Dallt ein gilydd

Bu ond y dim iddi â throi'r car yn ôl ar gwr y pentref. Un peth, ac un peth yn unig, a barodd iddi roi ei throed ar y sbardun a dilyn y ffordd i fyny am y tŷ.

Roedd y buarth yn llawn ceir. Ni fynnai'r un perthynas na chymydog golli'r cyfle o ffarwelio ag un oedd mor uchel ei barch: blaenor, athro ysgol Sul, cynghorydd, dyn ei gymdeithas ac asgwrn cefn ei deulu. Parciodd y car ar ochr y lôn mewn man cyfleus, yn barod i adael. Sylwodd fod golau yn yr ystafell a alwai ei mam yn barlwr. Ystafell dywyll oedd hi ar y gorau, a'r goeden gelyn gyferbyn yn dwyn y golau i gyd. Yno roedden nhw, y cyfeillion ffyddlon, yn canmol ac yn clodfori, a phawb yn cytuno nad oedd modd llenwi'r bwlch a adawsai Robert Harris.

Anelodd am ddrws y cefn a'i wthio'n agored. Nid oedd y gegin wedi newid dim. Yma y byddai'n loetran fin nos er mwyn gohirio'r hunllefau, a'i mam yn mynnu ei bod yn llyncu'r ffisig blas drwg fyddai, meddai hi, yn gwella'r poen bol ac yn ei helpu i gysgu. Ceisiodd osgoi edrych ar gadair ei thad, a'i chysuro'i hun fod honno bellach yn wag. Ond gwyddai, petai'n mentro edrych, y byddai ef yn dal yno, a'r wên slei 'mi 'dan ni'n dallt ein gilydd, 'dydan' ar ei wyneb. Teimlai fel petai ar fygu. Ni allai oddef aros yma. Ond fel yr oedd hi'n camu allan i'r buarth, daeth wyneb yn wyneb ag Emrys, ei brawd. Rhythodd hwnnw arni a dweud yn oeraidd,

'Mi w't ti 'di cyrradd o'r diwadd.'

Rhedodd ias o gryndod drwyddi. Gallai daeru'r eiliad honno

mai ei thad oedd yn sefyll yno: yr un trwyn bwaog, y talcen uchel, yr ysgwyddau llydain. Ond wrth i'w llygaid gynefino â'r golau a lifai drwy'r drws agored daeth yr ên lipa a'r gwefusau llac i'r amlwg. Nid oedd dim i'w ofni yn hwn.

'Roedd o'n gofyn amdanat ti bob dydd, 'sti.'

'Wn i.'

'Mi gest ti fy llythyr i, felly?'

'Do.'

'A'i anwybyddu o. Wn i'm sut medrat ti fod mor greulon.'

'Na wyddost.'

Croesodd Emrys at ddrws y cyntedd.

'Yn y parlwr maen nhw. Tyd.'

'Na. Dos i ddeud wrth Mam 'mod i yma.'

'Gormod o gwilydd eu hwynebu nhw, ia? Ond falla mai aros yn fan'ma ydi'r peth calla i ti, rhag rhoi mwy o waith siarad i bobol.'

Eisteddodd Beth wrth y bwrdd a'i chefn at gadair ei thad. Roedd hi wedi bod o fewn eiliadau i dorri'r adduned a wnaethai, a cholli'r cyfle am byth. Neithiwr ar ei haelwyd ei hun a Huw yno'n gefn iddi, roedd wedi gwrthod ei gynnig i ddod yma efo hi, ac wedi mynnu mai hi oedd piau'r weithred olaf hon. Ef oedd wedi'i helpu i ddirwyn y gorffennol fesul tipyn a dadlennu'r hyn na allodd erioed ei ddweud wrth neb. Weithiau, byddai'r poen a'r cwilydd yn peri iddi ei gyhuddo o'i gorfodi i ail-fyw'r hunllefau, o weld bai arni a'i dirmygu oherwydd ei gwendid. Ac er iddi allu dweud, ni allai estyn ato heibio i wal ddiadlam y cofio. Ond neithiwr, a'r penderfyniad wedi'i wneud, roedd hi wedi gadael iddo blethu'i freichiau amdani heb dynnu'n ôl, a theimlo fflach o obaith pan ddwedodd, 'Chdi ydw i isio, Beth, nid yr hogan fach honno oedd yn byw celwydd.'

Allan acw, y tu draw i'r goeden gelyn, roedd y mannau cudd y byddai'r hogan fach honno'n dianc iddynt er mwyn osgoi pawb. Ei mam yn meddwl ei bod yn yr ysgol a'r athrawon yn derbyn ei bod adra'n sâl. Roedd hi wedi llwyddo am sbel, ond fe ddaethon nhw i gyd i wybod, drwy Emrys. Ei thad yn rhoi taw ar gerydd Gwen, ei chwaer, gan ddweud, 'Wnei di mo hynna eto, yn na 'nei, Beth? Er fy mwyn i,' ac yn gweld bai ar Emrys am brepian. Yr athro'n gwneud cyff gwawd ohoni, a'r plant yn chwerthin pan ddwedai, gan ddal y llyfr gwaith i fyny a phwyntio at dudalen wag arall, 'Inc anweledig eto, ia, Beth Harris? A pha esgus sydd ganddoch chi'r tro yma?'

Clywodd sŵn traed yn y cyntedd: tri phâr o draed a'u camau wedi'u mesur, fel y gweddai i dŷ galar. Cyrhaeddodd ei modryb Gwen y gegin ar y blaen i'r ddau arall, yn fawr a mawreddog yn ei du, ac meddai'n rhybuddiol,

'Dydan ni ddim isio helynt, heddiw o bob dwrnod.'

Ciledrychodd Beth heibio iddi ar y wraig weddw a'r mab a oedd bellach yn benteulu. Ni allai gofio'u gweld yn cyffwrdd ei gilydd erioed, ond heddiw roedd ei law ar ysgwydd ei fam, yn ei thywys at y bwrdd a'i rhoi i eistedd. Estynnodd Gwen am glustog a'i gosod y tu ôl i'w chefn.

'Wel, a be sydd gen ti i'w ddeud, felly?' holodd.

'Sut ydach chi, Mam?'

Be arall oedd yna i'w ddweud yng nghlyw dau oedd yn credu eu bod yn gwybod y cyfan?

'Gystal â'r disgwyl. A sut w't ti?'

'Yn dda iawn yn ôl ei golwg.'

Syllodd Gwen yn ddirmygus ar y ffrog haf liwgar.

'Mi allat fod wedi gwisgo dillad parch, o leia. Wn i ddim be fydd pobol yn 'i feddwl.'

'Dydi hynny'n poeni dim arni hi. Fuo ganddi hi rioed barch at neb na dim.'

'Mae arna i ofn dy fod ti'n iawn, Em bach. Mi fydda wedi gneud lles iddi fod yn y capal nos Sul i glywad teyrnged y gweinidog i'w thad.'

'Well gen i beidio'i chlywad hi.'

'Be ddeudist ti?'

'Dim ots.'

'O, ydi, mae o. Pam deud peth fel'na?'

'Am na fedrwn i ddiodda hynny.'

'Methu diodda, wir! Meddwl amdanat dy hun, fel arfar. Sawl gwaith y deudis i wrth Robert ei fod o'n dandwn gormod arnat ti?'

'Ei difetha hi'n lân, Anti Gwen.'

'W't ti wedi anghofio fel byddat ti'n deffro ganol nos, wedi cael hunlla, meddat ti?'

'Nag ydw, wedi anghofio dim.'

'A pwy fydda'n codi atat ti, dro ar ôl tro? Dy dad, yntê. Doedd 'na ddim byd yn ormod ganddo fo'i neud i ti.'

'Nag oedd.'

'A dyma'r diolch mae o'n ei gael.'

'Gadwch lonydd iddi hi.'

Petai ei mam wedi gweiddi'r geiriau yn hytrach na'u sibrwd ni allai fod wedi cael mwy o effaith. Syllodd Emrys yn gegrwth arni, ei lygaid yn dyfrio, ond meddai Gwen yn ddiamynedd,

'Paid â chymyd atat, Em. Dydi dy fam ddim o gwmpas ei phetha heddiw, 'sti.'

'Ewch chi'ch dau yn ôl i'r parlwr.'

Gorchymyn oedd hwn nid cais. Roedd yn amlwg fod gorfod ufuddhau yn dân ar groen Gwen, ond llwyddodd i warchod urddas y teulu Harris wrth iddi arwain Emrys allan o'r ystafell. Wedi iddynt gael eu cefnau, meddai Beth, 'Chlywch chi ddim diwadd hynna.'

'Falla fod bai arna i'n troi arnyn nhw fel'na, ond siawns na chawn ni'n dwy gyfla i sgwrsio rŵan.'

'Mae hynny'n rwbath nad ydan ni erioed wedi'i neud.'

'Ydi, mwya'r piti. Un fach dawal oeddat ti, 'te. Fawr o ddim i'w ddeud.'

Roedd hi wedi rhoi cynnig ar ddweud, fwy nag unwaith. Ond pa obaith oedd ganddi? On'd oedden nhw i gyd yn credu, fel Emrys, na ellid rhoi coel ar ddim a ddywedai? Dyna oedd hithau wedi'i gredu, ond fe wyddai'n amgenach erbyn hyn, diolch i Huw.

'Ydach chi'n cofio'r hunllefa rheiny fyddwn i'n 'u cael, Mam?'

'Anghofia i byth mohonyn nhw.'

'Oeddach chi'n credu, o ddifri, y bydda'r ffisig blas drwg hwnnw'n eu cadw draw?'

'Yn gobeithio. Be arall fedrwn i fod wedi'i neud?'

Sylwodd fod llygaid ei mam wedi'u hoelio ar gadair ei thad. Beth petai'n ei gorfodi i'w hwynebu, i gyfaddef y gwir, i roi ateb i'r cwestiynau oedd yn dal i fudferwi ynddi? Sut y gallai unrhyw fam fod wedi gadael i'w merch ddioddef blynyddoedd o drais heb wneud dim i'w rwystro? Sut y gallai fod wedi byw yn ei chroen, yno yng ngwely dwbwl y llofft ffrynt, pan adawai ei gŵr yr ystafell ganol nos? A mynnu cael ateb i'r un cwestiwn hwnnw oedd yn glynu wrth ei thafod. 'Roeddach chi yn gwbod, 'doeddach, Mam?'

'Ma'n chwith gweld y gadar 'na'n wag, 'dydi? Wn i ddim be ddaw ohona i hebddo fo.'

'Mi fydd Emrys ganddoch chi.'

'Mi neith 'i ora, debyg. Ond fedar o byth lenwi lle dy dad.'

'Fe naethoch chi'ch dau hynny'n ddigon clir iddo fo, o'r dechra. Pa obaith oedd gan y creadur?'

'Wn i'm pam w't ti'n dal 'dano fo a fynta wedi bod mor frwnt efo chdi. Gneud ati i dy frifo di.'

'Roedd ynta'n brifo, Mam, ac angan rhywun i rannu'r boen.'

'Mi w't ti 'di gallu madda iddo *fo*, felly?'

Roedd yr ateb i'r cwestiwn yn y pwyslais ar y 'fo'. Gwyddai Beth na allai obeithio am fwy na hynny gan un oedd wedi llwyddo i osgoi a throi llygad dall ar hyd y blynyddoedd. Efallai ei bod wedi maddau i Emrys, os oedd anghofio'n gyfystyr â maddeuant. Cawsai gip arno o dro i dro, yn hofran ar gyrion yr hunllefau, ond roedd o wedi diflannu'n raddol i ganlyn y cleisiau a'r sgriffiadau ar gnawd.

'Waeth i mi hynny, am wn i.'

'Na waeth, debyg. Gwastraff amsar ydi dal dig. Ond go brin y cei di unrhyw ddiolch.'

'Dydi be mae Emrys yn 'i feddwl ohona i'n cyfri dim.'

'Mi fydda dy dad yn falch o wybod. Mi nath o bob dim fedra fo i dy gysuro di. Roedd ganddo fo feddwl y byd ohonat ti, 'sti.'

'O, oedd.'

'A paid byth ag anghofio hynny.'

Brathodd Beth ei thafod. Siawns na allai fodloni ar yr hyn a ddadlennodd yr un llithriad bach am yr ychydig amser oedd yn weddill.

'Maen nhw'ch angan chi yn y parlwr, Mam.'

'Ydyn, am heddiw. Ond fydda i'n ddim iddyn nhw, heb dy dad.'

Yn gyndyn o dynnu ei llygaid oddi ar y gadair, cododd ei mam a chychwyn am y cyntedd. Wrth iddi fynd heibio i'r ffenestr, oedodd am eiliad, a dweud,

'Fo blannodd y goedan gelyn 'na. I'n gwarchod ni.'

'A chadw'r diafol draw? Dim ond hen chwedl baganaidd ydi honno.'

'Choelia i fawr! Pren cysegredig ydi'r gelynnen. Torch o gelyn oedd wedi'i phlethu am ben Crist ar y groes, a dafna o'i waed o ddaru droi'r aeron gwynion yn goch.'

'Ac rydach chi'n credu hynny, hefyd?'

'O, ydw. Mi fydda i'n iawn, 'sti, tra bydd hon gen i.'

'Byddwch. Ond well i chi fynd yn ôl atyn nhw rŵan.'

'Ddoi di efo fi?'

'Na, mi arhosa i yn fan'ma nes bydd pawb wedi gadael.'

Roedd hi'n mynd, o'r diwedd, yn fach a di-nod yn ei du. Heddiw, câi rannu peth o'r clod, fel y wraig rinweddol y gellid dweud amdani, 'Yr hyn a allodd hon, hi a'i gwnaeth'. Ond efallai ei bod hi'n haeddu cael ei chanmol, fel un oedd â'r gallu i beidio dweud a gwneud.

Gadawsai ei mam ddrws y cyntedd yn agored, ac ni allai Beth osgoi clywed y deyrnged olaf i'r un y byddai'r fath golled ar ei ôl:

Gwyn ei fyd y gŵr ni rodia yng nghyngor yr annuwiolion, ac ni saif yn ffordd pechaduriaid, ac nid eistedd yn eisteddfa gwatwarwyr.

Ond sydd â'i ewyllys yng nghyfraith yr Arglwydd, ac yn myfyrio yn ei gyfraith ef ddydd a nos.

Ac efe a fydd fel pren wedi'i blannu ar lan afonydd dyfroedd, yr hwn a rydd ei ffrwyth yn ei bryd, a'i ddalen ni wywa, a phe beth bynnag a wnêl, efe a lwydda.

Estynnodd am ei ffôn symudol o'i bag. Byddai Huw ar bigau'r drain bellach, yn cyfri'r munudau. Ond dyna oedd raid iddi hithau ei wneud nes bod pawb wedi gadael a'r cyfan drosodd.

Gadawodd y ffôn ar y bwrdd a chroesi at y ffenestr. Heibio canghennau'r goeden gelyn, gallai weld to'r hers yn y lôn islaw. Camodd yn ôl pan welodd y galarwyr yn casglu'n dwr ar y buarth, ond ni fynnai golli'r un eiliad o'r act olaf hon. Dilynodd â'i llygaid daith araf y cyfeillion a gawsai'r fraint o rannu'r baich â'r mab i lawr y llwybr cul. Wrth iddo fynd heibio i'r goeden gelyn, collodd Emrys ei droed. Ceisiodd ei sadio'i hun drwy gythru am un o'r canghennau. Cydiodd y dail pigog wrth ei lawes, a sgriffio'i gnawd. Roedd hi wedi teimlo'u brath fwy nag unwaith wrth iddo'i chwipio ar draws ei choesau noethion. Hithau'n derbyn ei chosb ac yn credu ei chelwydd ei hun. Ond er ei bod hi'n brifo, gwyddai na fyddai'r cleisiau a'r sgriffiadau'n gadael creithiau. Yn wahanol i Emrys. Heddiw, nid oedd yn malio digon i ddweud, 'Eitha gwaith â fo', nac yn teimlo gronyn o dosturi. Nid oedd gweld y weddw fach a'i phwysau ar fraich ei chwaer yng nghyfraith, heb fod angen hynny, yn mennu dim arni chwaith,

'Mi fydda i'n iawn, 'sti.'

'Byddwch.'

Roedd enw da Robert Harris, asgwrn cefn ei gymdeithas a'i gartref yn ddiogel am byth, diolch iddi hi. A'i henw da hithau, er na fyddai hwnnw yfory, a phob yfory arall, yn golygu dim i neb.

Oedodd Beth yno nes eu bod i gyd wedi diflannu a'r buarth yn wag. Byddai hithau'n iawn, rŵan fod wal ddiadlam y cofio wedi'i chwalu – yn rhydd i garu a chael ei charu.

Brysiodd at y bwrdd ac estyn yn eiddgar am y ffôn. Nid oedd dim i'w ofni yma bellach. Cyn deialu rhif ei chartref, syllodd i gyfeiriad cadair ei thad, fel y gallai fynd â'r llun o'r gwacter i'w chanlyn. A dyna lle roedd o, a'r un wên slei 'mi 'dan ni'n dallt ein gilydd, 'dydan' ar ei wyneb.

Mae gen i dipyn o dŷ bach twt
A'r gwynt i'r drws bob bore.
Hai di ho, di hai, di hai, di ho,
A'r gwynt i'r drws bob bore.

Agorwch dipyn o gil y drws,
Cewch weld y môr a'i donne.
Hai di ho, di hai, di hai, di ho,
Cewch weld y môr a'i donne.

Ddim rhy hwyr

DYDW I ERIOED wedi chwennych 'aur y byd a'i berlau mân'. Yn blentyn, fyddwn i byth yn swnian fel bydd plant, efo'u 'Ga' i' a'u 'Dw i isio' tragwyddol. Fyddwn i byth yn cwyno chwaith, dim ond cymryd beth bynnag oedd ar gael, a diolch amdano. Dim ond un peth o'n i ei eisiau, ac mi wyddwn, hyd yn oed cyn i mi ddeall be oedd o, nad oedd unrhyw bwrpas gofyn am hwnnw.

Tebyg i 'Nhad o'n i – byth yn yngan gair yn fwy nag oedd raid. Dim ond llais Mam oedd i'w glywed rownd y ril, yn dweud wrthon ni'n dau be i' neud a phryd a sut i'w neud o.

'Oes raid i mi feddwl am bob dim?' medda hi.

Nag oedd, dim rhaid o gwbwl. Mi fydda 'Nhad a finna wedi gneud y cwbwl yn dawal bach tra oedd hi wrthi'n tantro. Ond dal i rygnu ymlaen y bydda hi, ei llais yn cyfarth wrth ein sodlau ac yn atsain yn ein clustiau ni. Rydw i'n dal i allu ei glywed, er bod degau o filltiroedd rhyngon ni bellach.

Mi dw i'n cofio Pat, fy ffrind am hynny barodd hi, yn gofyn,

'W't ti'n gneud bob dim mae dy fam yn 'i ddeud?'

'Ydw, siŵr,' meddwn i.

'Fyddat ti'n dy daflu dy hun i'r afon tasa hi'n deud?'

'Byddwn.'

Doedd dim disgwyl i un na wyddai ystyr 'rhaid' a 'phaid' ddeall hynny. Do'n inna ddim yn deall chwaith sut y gallai hi ddiodda gwisgo'r un dillad isa am wythnosau. Gollwng eu dillad budron ar lawr, fel caglau defaid, fydda Pat a'i brodyr, a phawb yn sgrialu drwyddyn nhw. Basgiad wellt oedd ganddon ni, a honno'n cael ei gwagio bob dydd. Roedd drws ein tŷ ni wedi'i gau'n glòs, i gadw llwch a phobol allan, a drws eu tŷ nhw bob amser yn llydan agored, gan fod cymaint o rusio yn ôl a blaen. A finna, fel pob plentyn, yn byw i'r diwrnod, doedd dim tamad o ots gen i pan ddwedodd Mam, 'Wn i ddim be ddaw o'r hogan 'na.' Mi ddylwn fod wedi meddwl na fydda hi'n ei gadael ar hynny. Fe fydda gofyn i unrhyw ffrind fod yn sgleinio o'i chorun i'w sawdl, fel o'n i, i blesio Mam. Mi dw i'n siŵr y byddai hi wedi tynnu 'nghalon i allan i'w sgwrio, petai hynny'n bosib. Yr un diwn gron oedd ganddi bob dydd – 'Fydd y Pat 'na'n molchi weithia, d'wad... yn cribo'i gwallt... yn newid ei dillad isa?' Doedd hynny'n poeni dim arna i chwaith, cyn belled â 'mod i'n lân ac yn para i sgleinio.

Un o ddyddiau gwaetha 'mywyd i oedd hwnnw pan daenodd Mam bapur newydd ar fwrdd y gegin a pheri i mi blygu drosto fo. Mi alla i ddal i deimlo'r crib dur yn suddo'i ddannedd miniog i groen fy mhen. Ond roedd hi'n haws diodda'r boen na'r cwilydd o fod wedi agor y drws a gorfodi Mam i rannu budreddi'r byd y tu allan.

Yn bymthag oed, ro'n i'n siampl o enath, yn ferch y byddai unrhyw fam wedi bod yn falch ohoni. Er fy mod i'n ddigon siriol efo pawb, fyddwn i byth yn mentro'n rhy agos at neb. Fe ddaeth Pat ata i ar iard yr ysgol un diwrnod.

''Di dŵad i ddeud ta-ta ydw i,' meddai hi, er nad oeddan ni prin wedi dweud 'helô' wrth ein gilydd ers blynyddoedd. 'Mi dw i'n mynd i fyw at Nain.'

'A gneud be?' meddwn i, er nad o'n i'n malio be fyddai'n dod ohoni.

'Beth bynnag sydd gen i awydd. Be amdanat ti?'

Fe edrychodd arna i heibio'i gwallt blêr, a dweud,

'Does dim angan gofyn, ran'ny. Beth bynnag fydd dy fam am i ti 'i neud, 'te.'

Un pnawn Sadwrn, yn fuan wedyn, mi es i'r dre a phrynu clo i'w roi ar ddrws fy llofft.

'Be ydi rhyw hen lol fel'ma?' galwodd Mam, o'r ochor arall i'r drws.

Fe aeth y siarad a'r curo ymlaen cyn hired fel nad oedd gen i ddim dewis ond agor iddi.

'A be sydd gen ti i'w guddio, felly?' medda hi, ei llygaid yn gwibio i bob cwr o'r ystafell.

'Dim. Isio llonydd rydw i.'

Dyna'r tro cyntaf i mi sylweddoli mai dyna'r unig peth ro'n i ei eisiau. Fe roddodd clywed y geiriau gymaint o sioc i mi ag iddi hithau. Fe fu'n edliw hynny i mi am ddyddiau, ac yn fy nghyhuddo i o fod yn gnawas fach anniolchgar. 'Yr hyn ddylwn i 'i neud,' medda hi, 'ydi gadael i ti forol am dy fwyd, a golchi a smwddio dy ddillad, ond sut siâp fydda ar betha wedyn, 'sgwn i?' Mi fyddwn i wedi bod yn ddigon bodlon gwneud hynny i gyd, a glanhau'r tŷ o'r top i'r gwaelod, ond i mi gael cilio i fy myd bach fy hun a rhoi tro i'r goriad. Ond gadael y drws yn gilagored wnes i.

Yn ddwy ar bymthag oed, ro'n i'n gadael yr ysgol. Mam oedd wedi penderfynu nad oedd fawr o bwrpas i mi aros yno, a hi gafodd le i mi fel ysgrifenyddes mewn swyddfa cyfreithiwr yn y dref. Y cwbwl oedd raid i mi ei wneud oedd estyn dillad glân o'r drôr, bwyta'r prydau oedd wedi'u paratoi ar fy nghyfar i, a diolch amdanyn nhw. Roedd yn gas gen i'r gwaith, ond o leia ro'n i'n edrych y rhan yn fy sgert ddu, ddim rhy dynn, ddim rhy fyr, a'r dewis o dair blows wen. Yno ro'n, ddwy flynedd yn ddiweddarach, pan ges i gariad. Dyn a ŵyr sut, a finna yr un mor benderfynol o gadw pelltar. Doedd ganddo ynta fawr mwy i'w ddweud na fi, er mai fo gymrodd y cam cynta. Rhyw lithro ymlaen efo'n gilydd wnaethon ni wedyn, fel dau'n sglefrio ar rew tenau.

'Pryd ydan ni am gael ei weld o?' holodd Mam. A finna, na fu gen i erioed ddim byd i'w guddio, yn credu ei fod o'n ddigon glân a thwt i gael ei weld. Mam wnaeth y siarad i gyd pan ddaeth o draw i swpar, ond chafodd hi wybod fawr, er iddi ei holi'n dwll. 'Dyna be oedd llo cors,' medda hi'r noson honno. 'Siawns na elli di neud yn well na hynna.'

Doedd ei wylio'n sglefrio i ffwrdd ar ei ben ei hun, ei draed yn chwalu i bob cyfeiriad, yn mennu dim arna i, a doedd gen i 'run bwriad o drio gwneud yn well chwaith. Yn y swyddfa, gnewch hyn a gnewch y llall oedd hi drwy'r dydd; adra mi wyddwn be i'w wneud heb i neb orfod dweud.

Cyn pen dim, ro'n i'n ddeg ar hugain oed, yna'n ddeugain. Y byd o'r tu allan, oedd mor ddiarth i mi, yn symud yn ei flaen, a finna'n troi yn fy unfan. Pe bawn i'n cadw dyddiadur yn ystod y blynyddoedd hynny, a wnes i erioed ystyried gwneud peth mor ddi-fudd, ''run peth' fyddai gen i ar gyfar pob diwrnod. Ro'n i'n gymaint rhan o'r swyddfa â'r cyfrifiaduron a'r peiriant ffacs y bu'n rhaid i mi ddod i ddygymod â nhw, yno yn y canol llonydd a'r holl fynd a dŵad o 'nghwmpas. Anamal y bydda'r un o'r merched yn aros yn ddigon hir i mi ddod i'w nabod, hyd yn oed pe bawn i'n dymuno hynny. Sawl gwaith y bu'n rhaid i mi gyfrannu at anrhegion i rai nad oeddan nhw'n ddim ond enwau i mi, pob Sharon a Susan a Sylvia oedd wedi diflannu heb adael dim o'u hôl ond arogl persawr? Dyna lle bydden nhw, yn chwistrellu hwnnw y tu ôl i'w clustiau a rhwng eu bronnau cyn gadael am eu cinio, gyddfau eu blowsys yn gywilyddus o isal a'u sgertiau'n bechadurus o gwta. Brechdanau fyddai gen i, wedi'u lapio mewn lliain gwyn y gallwn i ei daenu dros fy nesg. Roedd y cwbwl wedi'i glirio erbyn iddyn nhw gyrraedd yn ôl, a finna wedi dechrau ar waith y pnawn. Mi fedrwn i eu clywed yn ochneidio, a'u gweld, drwy gil fy llygad, yn tynnu ystumiau ar ei gilydd. Ac i feddwl fy mod i wedi rhoi f'arian prin i'w helpu nhw ar eu ffordd. Mi fedrwn i wneud efo hwnnw heddiw.

Adra, ro'n i gymaint rhan o'r ystafell eistedd â'r seidbord a'r cwpwrdd gwydr, siâp fy mhen a 'mhen-ôl yn lledr y setî lle byddwn i'n eistedd fin nosau i wylio'r teledu efo Mam a 'Nhad. Bob bora Sadwrn, fe fydda 'Nhad yn golchi'r car a ninnau'n dwy yn glanhau'r tu mewn, er nad oedd o fymryn gwaeth ers y Sadwrn cynt. Ac i ffwrdd â ni am Tesco. Roeddan ni'n gwneud tîm da, Mam yn arwain ac yn pwyntio, 'Nhad yn estyn, a finna'n pacio'r troli.

Bob haf, fe fydden ni'n cael wythnos yn Aberystwyth, y dref lanaf yng Nghymru yn ôl Mam. Yr un gwesty, un llofft ddwbwl ac un sengl, yr un bwrdd wrth y ffenestr, yn wynebu'r môr; pawb yn siarad mewn sibrydion ac yn mynd i'w ffyrdd eu hunain rhwng prydau. Eistedd ar y prom pan fydda'r tywydd yn caniatáu hynny, ac yn y lolfa ar dywydd garw, a gwneud yn siŵr, cyn gadael, fod ein henwau i lawr ar gyfer yr un wythnos yr haf nesa.

Mi wnes i gynnig talu am fy lle adra, ond roedd hynny'n ddigon i gythruddo Mam. 'Mae cael tendio arnat ti a dy dad yn ddigon o dâl i mi,' medda hi. Roedd hi wedi rhoi'r gorau i ddisgwyl i mi wneud yn well na'r llo cors, a'r tri ohonon ni mor glyd â'r tair arth, heb neb i darfu arnon ni.

Tan y diwrnod hwnnw y galwodd Pat, fy ffrind am hynny barodd hi, yn y swyddfa. Ro'n i wrthi'n bwyta 'mrechdanau – sbâr cig y Sul, gan mai dydd Llun oedd hi. Pan godais i 'mhen, dyna lle roedd hi'n sefyll wrth y ddesg, yn edrych i lawr arna i: yr hogan honno na fyddai hi'n dewis molchi na newid ei nicars, yr un wnaeth i mi gywilyddio a theimlo'n fudur, y tu mewn a'r tu allan. Roedd hi'n sgleinio o'i chorun i'w sawdl, fel tasa hi wedi camu allan o dudalennau'r cylchgronau y byddai pob Sharon a Susan a Sylvia yn gwirioni arnyn nhw.

'Yma ar fusnas w't ti?' meddwn i.

'Na, i dy weld di. Dy fam ddeudodd wrtha i lle i ddod o hyd i ti.'

'Mam?'

'Doedd ganddi ddim syniad pwy o'n i. Mi gafodd dipyn o sioc pan ddeudis i wrthi.'

Roedd hi'n syllu'n galed arna i, fel petai'n gobeithio gweld yr un syndod ar fy wyneb innau.

'Dw't ti wedi newid dim,' medda hi.

'Ond mi w't ti.'

'Ydw, diolch am hynny.'

'Ac wedi cael beth bynnag oeddat ti 'i isio?'

'O, do. A chditha?'

'Mi dw i'n ddigon bodlon.'

Doedd gen i ddim mwy i 'w ddweud, nag unrhyw ddiddordeb mewn gwrando arni'n sôn fel y cafodd hi'r hyn yr oedd hi ei eisiau. Fe adawodd, o'r diwedd, wedi iddi ei bodloni ei hun fy mod innau, fel Mam, yn gwybod be oedd wedi dod ohoni.

'Mi ro' i lonydd i ti fynd ymlaen â dy waith,' medda hi, a phlygu drosta i. Mi fedrwn deimlo pwysau'i llaw ar fy ysgwydd a'r ewinedd lliw gwaed yn brathu i 'nghnawd. 'Pob lwc i ti. Dydi hi ddim rhy hwyr, 'sti.'

Roedd dwy o'r merched yn ei chyfarfod wrth y drws, a hithau'n eu cyfarch â 'pnawn da' cyn diflannu o 'ngolwg i, am byth, gobeithio.

'Pwy oedd honna, d'wad?' sibrydodd un.

'Hi sydd ar y teli yn y program ffasiwn 'na 'te.'

'Tebyg iddi, falla.'

'Na, hi oedd hi, siŵr i chdi. Biti na faswn i wedi cael cyfla i ofyn iddi pa shampŵ fydda'n siwtio 'ngwallt i.'

Soniodd Mam na finna yr un gair am ymweliad Pat, ond

fedrwn i'n fy myw gael gwared â'r 'dydi hi ddim rhy hwyr, 'sti'.
Yn rhy hwyr i be? I gael yr hyn o'n i ei angan, yr un peth hwnnw
oedd cyn belled o 'nghyrraedd i ag erioed?

'Stedda'n llonydd, da chdi,' medda Mam un noson, wrth fy
ngweld i'n codi oddi ar y setî ac yn symud i eistedd ar gadair
galed. 'Dyna fi wedi colli pen llinyn ar y stori 'na rŵan, diolch i ti. Be
sy'n dy gorddi di, d'wad?'

'Dim. Awydd newid bach, 'na'r cwbwl.'

Aros yn fy unfan wnes i, a gadael iddi rygnu ymlaen. Nos
drannoeth, mi es i allan ar ôl swpar heb ddweud gair, a chrwydro
wysg fy nhrwyn o gwmpas y dre.

'A lle w't ti 'di bod?' holodd Mam gan edrych yn amheus
arna i.

'Yn gweld y byd.'

'Oes 'na rwbath yno sy'n werth ei weld?'

Nag oedd, dim byd o werth i mi. Ond dal i gerdded o gwmpas
wnes i, noson ar ôl noson, a dod adra weithiau'n wlyb at fy
nghroen.

'Yli'r golwg sy arnat ti,' medda hi, ac estyn am y mop. 'Dos i
dwtio dy hun, o gwilydd. Wn i ddim be sy wedi dŵad drostat ti,
na wn i wir.'

Ond fe wyddai 'Nhad. Fo gynigiodd fy nysgu i i yrru'r car.
Un waith yn unig y daeth Mam efo ni. Roedd hi'n waeth na
Hyacinth Bucket, a minnau'n fodiau i gyd, yn crenshian y gêrs ac
yn pwyso fy nhroed ar y sbardun yn lle'r brêc. Mi fyddwn i wedi
rhoi'r gorau iddi yn y fan a'r lle oni bai i 'Nhad ddweud, yn dawal
bach, 'Paid ag ildio rŵan, beth bynnag 'nei di.'

A dal ati wnes i. Pasio'r prawf ar y cynnig cyntaf, a gorfod
diodda Mam yn dweud, bob tro y byddwn i'n cychwyn allan, na
châi hi ddim eiliad o dawelwch meddwl nes fy mod i'n ôl yn saff.

Dilyn lonydd anghyfarwydd ro'n i, y mynyddoedd y tu cefn i mi ac arogl môr yn fy ffroenau, pan welais i'r tŷ. Roedd arwydd 'ar osod' ar fwrdd yn yr ardd. Trannoeth, mi es i â 'Nhad draw yno.

'Wel, be ydach chi'n 'i feddwl?' meddwn i.

'Ei fod o'r hyn rwyt ti wedi bod yn chwilio amdano fo.'

'Llonydd, dyna'r cwbwl ydw i isio.'

'Wn i.'

Roedd o'n syllu heibio i mi i gyfeiriad y rhimyn môr a'i balmant o draeth, ond mi wyddwn mai edrych i'r doe pell nad oedd gen i unrhyw ran ynddo yr oedd o.

'Dyna oeddach chitha ei isio hefyd, yntê?'

'Ar un adag. Ond fydda gen i ddim syniad be i' neud ohono fo erbyn hyn.'

'Does gen inna ddim chwaith.'

Es i ddim i holi rhagor. Roedd y cwbwl oedd angan ei ddweud wedi'i ddweud.

Ond roedd gan Mam ddigon i'w ddweud, fel arfar. Fe fynnodd gael golwg ar y tŷ.

'Fedrwn i ddim byw yn 'y nghroen yn meddwl amdanat ti yn fan'ma ar dy ben dy hun,' medda hi.

O leia, doedd fy ngweld i'n gadael y swyddfa yn poeni dim ar neb. Rhyw gymun o arian ges i, a'r merched yn gyndyn o gyfrannu i un nad oeddan nhw yn ei nabod, nac eisiau ei nabod.

Yn hanner cant, a rhagor, rydw i'n eistedd yn fy nhŷ bach twt, y drws yn gilagored a'r llonyddwch yn flanced amdana i. Dyma fi wedi cael yr hyn o'n i ei eisiau, o'r diwadd. A be ydw i'n mynd i'w wneud ohono fo? Byw ar y pres rydw i wedi'i gelcio nes bydd llais Mam wedi tawelu a'r cof o ymweliad Pat wedi pylu. A be wedyn? Go brin y medra i fodoli ar y gwynt, er bod yma ddigon ohono fo. Ta waeth am hynny. Mi fedra i weld y môr yn y pelltar, ac mae'r hyn sydd gen i'n ddigon am rŵan.

Os yw'th galon bron â thorri,
　Paid â deud,
Am fod serch dy fron yn oeri
　Paid â deud,
Ac os chwalu mae dy obeithion
　Paid â deud,
Ni ddaw neb i drwsio'th galon
　Er it ddeud.

Pan fo stormydd byd yn gwgu
　Paid â deud,
A gelynion am dy faeddu
　Paid â deud,
Ac os weithiau byddi'n llwyddo
　Paid â deud,
Hawdd i'th lwydd fynd drwy dy ddwylo
　Wrth it ddeud.

Taw pia hi

DIGWYDD CYFARFOD yn Asda un prynhawn Sadwrn wnaethon nhw. Rhyw seren wib o gyfarfyddiad fyddai hwnnw wedi bod, dim gwerth sôn amdano, petai Emma heb ofyn, fore Llun, 'Be w't ti'n 'i feddwl o'r coffi 'na, Alun?'

'Braidd yn chwerw ydi o. Be nath i ti ddewis hwn?'

''Nes i ddim. Lona ddaru fynnu 'i roi o yn y troli.'

'Ro'n i'n meddwl fod honno wedi gadael y lle 'ma.'

'Mae hi'n ôl i aros, medda hi. Dydi hi 'di newid dim, 'sti.'

Cododd Alun yn frysiog a thaflu gweddill ei goffi i lawr y sinc.

'W't ti wedi trefnu i'w gweld hi eto?' holodd.

Er ei fod a'i gefn ati, gallai Emma synhwyro'i bod wedi'i darfu. Ni ddylai fod wedi sôn, a hithau'n gwybod cyn lleied o feddwl oedd ganddo o Lona, ac mor falch oedd o pan ddwedodd ei bod hi'n gadael.

'Naddo, nag isio'i gweld hi.'

Ni fu gan Emma erioed fawr o feddwl o Lona chwaith, er eu bod nhw'n cael eu hystyried yn bennaf ffrindiau yn yr erstalwm hwnnw, nad oedd mor bell yn ôl â hynny. Lona fyddai'n dweud ac yn gwneud, a hithau'n ei dilyn fel ci bach ar dennyn. Roedd hi wedi ofni mai dyna fyddai'n digwydd brynhawn Sadwrn: cael ei thywys o silff i silff a'i gorfodi i lenwi'r troli â phethau nad oedd arni ddim o'u hangen. Sefyll yn ei hunfan, yn gwbwl ddiymadferth, yr oedd hi pan ddwedodd Lona, 'Falla gwelwn ni'n gilydd rywdro eto. Does gen i'm amsar i loetran rŵan.'

Cafodd lonydd wedyn i symud yn ei hamser ei hun, ond ni

allai ganolbwyntio ar ddim. Hen air hunllefus oedd 'loetran' iddi hi, un o eiriau'r doe y gwnaethai ei gorau i'w ddileu. Sawl gwaith y clywsai Lona'n dweud, gan roi plwc egar i'r tennyn, 'Tyd 'laen. Does 'na'm amsar i loetran.' Ymlaen i ble, i wneud be, tybed? Ni allai eu cofio'n gwneud dim byd o werth.

Erbyn bore Llun, roedd y gair a'r drafftiau a ddaethai'n ei sgil wedi cilio, a'r heddiw'n addo bod yr un mor glyd a chynnes ag arfer. Nes iddi estyn y paced coffi o'r cwpwrdd a chlywed Lona'n dweud, 'Mi fydd Alun yn licio hwnna.'

Na, doedd Lona wedi newid dim. Byddai'n ysu weithiau am allu gwrthod mynd i'w chanlyn a mynnu, 'Dos di. Mi dw i am aros yn fan'ma.' Ond gwyddai'n dda beth fyddai'r ymateb i hynny. 'A gneud be, 'lly?' 'Dim byd.' 'Does 'na ddim byd fedri di neud, yn nagoes?' Nag oedd, dim byd o gwbwl. Hi, Emma, fyddai'r olaf i gael ei dewis ar unrhyw dîm. Ni allai daro pêl, na'i dal. Cafodd ran mewn côr adrodd unwaith, am eu bod nhw'n brin o un, ond roedd hi wedi methu llinell a chyrraedd yr uchafbwynt cyn pryd. Dyna'r unig dro erioed iddi fod ar y blaen i bawb arall. 'Dim ond isio i ti neud siâp ceg sydd,' meddai Lona, na allai oddef colli na gwobr na gêm.

Roedd Alun wedi gadael y gegin heb iddi sylwi. Pan aeth drwodd i'r cyntedd, ni chymrodd unrhyw sylw ohoni. Estynnodd hithau am y brws dillad, yn ôl ei harfer.

'Does 'na ddim amsar i hynna rŵan.'

'Ond mi w't ti'n gynnar heddiw. Mi wna i banad iawn i ti, i gael gwarad â blas y llall.'

Roedd o wedi agor y drws ffrynt ac yn camu allan. Rhedodd ato a rhoi cusan iddo ar ei foch. Ond troi ei wyneb draw wnaeth o a mwmian, 'Mae'n ddrwg gen i, Emma.'

Hi ddylai ymddiheuro. Hi oedd wedi'i atgoffa o'r nosweithiau pan fyddai Lona yn galw'n ddirybudd ac yn loetran tan berfeddion, gan danio un sigarét ar ôl y llall. Ia, loetran, heb falio dim fod ganddyn nhw rywbeth gwell i'w wneud. Newydd briodi roedden nhw, ac angen llonydd i ddod i adnabod ei gilydd. Roedd Lona yno y noson y collodd hi'r babi, yn dyst o un methiant arall. Yno, pan ddylai'r ddau fod wedi cael cyfle i rannu gofid a chysur.

'Biti na fasat ti'n debycach i Lona,' meddai ei mam, oedd wedi'i siomi ynddi, cyn iddi fod yn gymaint o fethiant hyd yn oed. Ond be arall oedd i'w ddisgwyl gan un oedd wedi dweud, dro ar ôl tro, mai damwain anffodus oedd hi, Emma? Hi oedd achos pob anghydfod rhwng ei rhieni, er na fyddai byth yn dweud gair o blaid nac yn erbyn y naill na'r llall. Roedd ei bod yno'n ddigon.

Ni fyddai'n mentro edrych yn y drych, rhag ofn iddi ei gweld ei hun fel yr oedd hi: yn hyll, yn dew, ac yn da i ddim. Yr unig allu oedd ganddi oedd y gallu i osgoi. Gadawodd i'w gwallt dyfu, a chuddio y tu ôl i hwnnw, fel na allai neb arall ei gweld chwaith. Nes i Miss Rees, yr athrawes ddosbarth, ddweud un diwrnod, 'Tynnwch y llenni 'na'n ôl, Emma Jones', ac iddi glywed Lona'n hisian, yn ddigon uchel i bawb ei chlywed, 'Maen nhw'n well wedi'u cau.'

Hynny, mae'n debyg, barodd i Miss Rees, oedd yn denau ac yn dlws, ofyn iddi, wedi i'r lleill adael,

'Be sy'n eich poeni chi, Emma?'

Cafodd ei themtio am eiliad i ddweud, 'Bob dim'. Ond y cyfan wnaeth hi oedd gadael i'r llenni ddisgyn, a siglo'i phen.

'Does dim isio i chi fod ofn deud. A falla y gwnaiff hynny i chi deimlo'n well.'

'Does gen i'm byd i'w ddeud,' sibrydodd hithau'n surbwch, drwy'i gwallt.

Roedd y tyfu i fyny, os rhywbeth, yn waeth hunllef na'r plentyndod. Erbyn hynny, roedd ei thad wedi symud i fyw efo'i gariad, a'i mam yn fwy chwerw nag erioed, ac yn dannod, 'Mi fydda wedi mynd ers blynyddoedd oni bai amdanat ti. A finna wedi bod yn ddigon ifanc i allu ailddechra byw. Wn i'm be faswn i'n ei neud heb Lona.'

Byddai honno'n galw heibio ryw ben bron bob dydd. Y ddwy'n eistedd wrth y tân neu yn yr ardd gefn yn sipian te, a Lona yn swcro'i mam i ddweud ei chŵyn.

'Rhaid i chi beidio beio'ch hun,' meddai un.

'Dydw i ddim,' meddai'r llall.

'Fe naethoch chi bob dim fedrach chi iddo fo, Anti Agnes.'

'O, do, aberthu'r cwbwl.'

'Un ffeind felly ydach chi, 'te, bob amsar yn meddwl am bobol er'ill,' meddai'r naill.

'Fel chditha, 'mechan i,' meddai'r llall.

A'r ddwy yn ei hanwybyddu hi, oedd yn hofran o fewn cyrraedd, yn barod i ufuddhau i'r gorchymyn, 'Tyd 'laen, does 'na'm amsar i loetran.'

'Fedra i ddim diodda rhagor.' Dyna ddwedodd ei thad wrthi cyn iddo adael. 'Mi w't ti ddigon hen rŵan i allu sefyll ar dy draed dy hun.' Yn ddigon hen, ond heb un troed i sefyll arno. Efallai y gallai fod wedi'i berswadio i aros, er ei mwyn hi, ond siawns nad oedd o'n haeddu'i ryddid. Efo'i mam yr oedd cydymdeimlad pawb, er bod Mrs Ellis drws nesa wedi awgrymu y dylai hithau adael: 'Mynd tra medri di, 'te, Emma.' Mynd i ble, a gwneud be?

Y peth cyntaf wnaeth hi ar ôl mynd drwodd i'r gegin oedd gwthio'r paced coffi i ben draw'r cwpwrdd. Byddai ar gael petai rhywun yn galw heibio. Ond pwy, mewn difri? Ni fu mwy na 'bore da' rhyngddi a'r cymdogion. Gan fod Alun wedi mynnu ei bod yn torri'i gwallt, yr unig ffordd o osgoi bellach oedd cadw'i phen i lawr. Roedd hi'n gyfarwydd â phob crac yn y palmant rhwng y tŷ a'r pentref, ac yn nabod pobol wrth eu traed yn unig.

Ond beth petai Lona, a'i 'falla gwelwn ni'n gilydd rywdro eto' yn galw'n ddirybudd?

Un noson, pan oedd hi wedi hanner nos ar Lona'n gadael, roedd Alun wedi'i chyhuddo hi o'i denu yno. 'Dydw i mo'i hisio hi yma, Emma,' meddai, yn y llais oeraidd hwnnw y byddai'n ei ddefnyddio wrth drafod busnes ar y ffôn.

'Na finna.'

'Mae'n rhaid i ti ddeud wrthi.'

'Dydw i rioed wedi gallu deud.'

Ond ni fu'n rhaid iddi ddweud dim, gan fod Lona wedi penderfynu ei bod yn bryd iddi symud ymlaen. I ble, ac i wneud be, ni wyddai. Ac nid oedd eisiau gwybod chwaith.

Yn fuan wedi'r prynhawn hwnnw yn Asda, daeth galwad oddi wrth Mrs Ellis, yn peri iddi fynd adref rhag blaen. Ei hymateb cyntaf oedd gwrthod. Wedi'r cyfan, dim ond un cartref oedd ganddi.

'Ond mae dy fam mewn plastar 'dat 'i chlun, wedi syrthio ar y rhew a thorri'i choes.'

'Yn yr ysbyty ddyla hi fod, felly.'

'Gwrthod aros yno ddaru hi. Deud y bydda 'i merch yn gofalu amdani.'

Fi ydi honno, meddyliodd Emma. Y ddamwain oedd wedi achosi'r holl ddioddef.

'Go brin 'i bod hi f'isio i yno.'

'Does ganddi ddim dewis. Na chditha chwaith, mae arna i ofn.'

Mynd wnaeth hi, ac addo i Alun y byddai'n ôl trannoeth, wedi iddi drefnu gofal cartref i'w mam. Ond aeth yr un noson yn wythnos, a'r wythnosau'n dair. Yr un fyddai'r gŵyn bob tro y byddai'n sôn am wneud trefniadau, 'Dydw i ddim isio rhywun diarth yn sbrogian o gwmpas.' Roedd hi wedi gobeithio y byddai

Alun yn mynnu ei bod yn mynd adref, ond ei chymell i aros wnaeth o a dweud, 'Dim ond un fam gei di.' Ond dim ond un gŵr oedd ganddi hefyd.

'On'd ydi o'n un ffeind,' meddai ei mam, pan dderbyniodd y cerdyn 'brysiwch wella' a'r tusw mawr o flodau. 'Mi w't ti wedi bod yn lwcus iawn.' Byddai Emma'n ei dal yn syllu arni weithiau, fel petai'n methu credu be oedd Alun wedi'i weld mewn un mor ddi-ddim. Dyna fyddai hithau wedi'i ofyn iddi ei hun oni bai fod ganddi ofn temtio ffawd. Ef oedd ei marchog ar ei geffyl gwyn o feic pan groesodd hi'r stryd heb edrych o'i chwmpas. Roedd hi wedi camu'n ôl yn ei dychryn, a baglu dros ymyl y palmant. Ef oedd wedi gafael yn ei llaw – yr unig un i wneud hynny ers pan adawodd ei thad – ei chodi ar ei thraed, ei harwain i'r dafarn agosaf, a rhwbio'i chefn pan dagodd hi ar y brandi. Ef oedd wedi'i hachub rhag gorfod slafio yng nghantin yr ysgol, ei gwallt a'i dillad yn drewi o oglau bwyd a'r ofn o wneud rhywbeth o'i le yn achosi iddi fod yn fodiau i gyd. Alun oedd wedi llwyddo i'w chael i fentro edrych yn y drych, a'i gweld ei hun fel yr oedd o'n ei gweld hi. Ni allai byth ddiolch digon iddo. Ac ni allai oddef rhagor heb gael bod yn ôl efo fo, yn yr unig gartref a gawsai erioed.

'Ia, dos di,' meddai ei mam. 'Dydw i ddim am i ti fy meio i am esgeuluso dy ŵr.'

'Mi dw i wedi trefnu i rywun alw yma ryw ben bob dydd.'

'Mae'n chwith i mi, 'dydi, a finna wedi arfar gneud y cwbwl fy hun. A hynny heb fod ddim elwach.'

Nid oedd hithau fymryn elwach o'i gorfodi ei hun i ail-fyw'r gorffennol am dair wythnos hir. Ni chafodd air o ddiolch gan ei mam, dim ond siars i gofio at Alun a diolch iddo am fod mor feddylgar.

'Oes 'na rwbath arall ydach chi isio cyn i mi fynd?' holodd.

'W't ti wedi tynnu llwch heddiw?'

'Ches i ddim cyfla. Mi wna i hynny cyn mynd.'

'Gwna'n siŵr dy fod ti'n symud yr ornaments, nid glanhau o'u cwmpas nhw fel ti'n arfar gneud.'

A chofia ddeud wrth hon drws nesa dy fod ti'n mynd, er mwyn i bawb gael gwbod mai yma ar fy mhen fy hun y bydda i eto rŵan.'

Byddai wedi cyrraedd adref yn ddirybudd oni bai i Mrs Ellis ofyn, 'Ydi hynny'n beth doeth, d'wad?'

'Isio rhoi syrpréis i Alun ydw i.'

'Fydda ddim gwell i ti roi cyfla iddo fo gael trefn ar betha?'

'Pa betha?'

'Clirio a thwtio o gwmpas, 'te.'

'Dydi o ddim ots gen i sut olwg fydd ar y lle.'

'Ond falla y bydda ots ganddo fo.'

A ffonio wnaeth hi, yn gynnwrf i gyd, yn ysu am ei glywed yn dweud pa mor falch oedd o. Ond ni wnaeth ond diolch iddi am adael iddo wybod, yn ei lais oeraidd trafod busnes. Yn ystod y daith hir, ddiflas ar y bỳs, ofnai yn ei chalon ei fod wedi digio wrthi. Ni allai weld bai arno. Pa hawl oedd ganddi i ddisgwyl croeso a hithau wedi'i adael ar ei ben ei hun? Ond ni ddigwyddai hynny byth eto.

Roedd y tŷ, hefyd, yr un mor oeraidd. Crwydrodd o un ystafell i'r llall, ac Alun yn dilyn ar ei sodlau. Oedodd yn y llofft i syllu ar y pethau cyfarwydd, pob dim yn ei le, a dim sbecyn o lwch yn unman. Rhedodd cryndod drwy'i chorff. Croesodd Alun at y ffenestr.

'Mi fydda'n well i mi gau hon,' meddai.

'Na, does dim angan. Teimlo'n ddiarth ydw i, fel taswn i ddim yn perthyn yma.'

Ni chafodd unrhyw ymateb. Roedd o'n sefyll o hirbell, a golwg ddisgwylgar arno. Efallai ei fod yn aros iddi egluro pam yr oedd yr un noson wedi ymestyn yn wythnosau, ond byddai hynny'n ei gorfodi i syllu i'r drych creulon hwnnw a'i gweld ei hun fel yr oedd hi, yn gymaint o fethiant ag erioed.

Er nad oedd y tŷ'n ymddangos ddim gwahanol i arfer, ni allai yn ei byw gael gwared â'r teimlad o ddieithrwch. Roedd Alun, chwarae teg iddo, wedi gwneud ei orau, a hyd yn oed wedi rhoi'r dillad gwely yn y peiriant, yn barod i'w golchi.

Fe'i gorfododd ei hun i roi sylw i'r pethau bach cynefin, er mwyn ceisio dygymod. Wrthi'n gwagio cynnwys y bin pedal yr oedd hi pan welodd y stympiau sigaréts. Hen arferiad budur, gwastraffus oedd smocio yn ôl Alun, ond pwy oedd hi i'w feio am fod angen rhyw fath o gysur? Aeth ati i baratoi paned o goffi iddi ei hun, er nad oedd yn haeddu'r cysur hwnnw. Sylwodd fod y paced coffi y mynnodd Lona iddi ei brynu bellach ar flaen y silff, ac yn hanner gwag. Gwthiodd y paced yn ôl i gefn y cwpwrdd, a chanolbwyntio ar geisio gwneud y tŷ'n gartref unwaith eto.

Roedd hi wedi dod i gredu fod hynny'n bosibl, pan gyrhaeddodd Alun yn gynnar un prynhawn.

'Mae 'na rwbath mae raid i mi 'i ddeud wrthat ti,' meddai, cyn tynnu'i gôt hyd yn oed.

'Panad gynta, ia? Fydd hi fawr o dro.'

'Na, rŵan. Fedra i ddim diodda rhagor. 'Stedda.'

Eisteddodd hithau, fel y gwnaethai pan glywodd ei thad yn dweud yr un geiriau, am nad oedd ganddi droed i sefyll arno, heddiw mwy na'r diwrnod hwnnw.

'Mi ddeudist ti, pan est ti adra at dy fam, y byddat ti'n ôl drannoeth.'

'Dyna o'n i wedi'i fwriadu.'

'Ond dewis aros yno wnest ti, 'te?'

'Na.'

'A 'ngadael i yma ar fy mhen fy hun. Ro'n i mor unig, Emma.'

'A finna.'

'Ond roedd dy fam gen ti.'

Y fam yr oedd hi, y ddamwain anffodus, wedi cipio'i hieuenctid oddi arni a dinistrio pob siawns am hapusrwydd. Ond ni wyddai Alun ddim am hynny. Ac ni châi byth wybod.

'Digwydd taro ar Lona yn y dre wnes i, un amsar cinio. Fe ddaru fynnu ein bod ni'n mynd am goffi. Gweld golwg ddigalon arna i, mae'n siŵr. Roedd hi'n holi'n arw am dy fam. Dipyn o ffrindia, oeddan?'

Nodiodd Emma. Gallai glywed ei mam yn dweud, 'Wn i ddim be faswn i'n 'i neud heb Lona', a theimlo'r drafftiau wrth iddi loetran ar y cyrion, yn barod i wneud yr holl bethau dibwrpas rheiny.

'Felly dechreuodd petha. Ti'n cofio fel bydda hi'n arfar galw bron bob nos ar un adag a finna am i ti ddeud nad o'n ei hisio hi yma? Ond fedrat ti ddim, meddat ti. Fedrwn inna ddim. Na mentro gadael iddi yrru'r car a hitha wedi bod yn yfad drwy'r min nos.'

Roedd hi wedi aros yma, felly, wedi rhannu eu gwely nhw efo Alun, gan nad oedd ond cot gwag yn y llofft fach. Lona, ei ffrind, na fyddai byth yn loetran ond i bwrpas.

'Ddaw hi ddim yma eto, mi wna i'n siŵr o hynny.'

Arhosodd Emma lle roedd hi a'i wylio'n cerdded am y cyntedd, yn tynnu'i gôt, ac yn ei rhoi ar y bachyn arferol. Pan ddaeth yn ôl i'r ystafell eistedd, roedd gwên ar ei wyneb am y tro cyntaf ers iddi hi ddychwelyd o dŷ ei mam.

'Mi fydd bob dim yn iawn, rŵan dy fod ti'n ôl.'

Yn ôl lle dylai hi fod, efo'r un oedd wedi gallu ei pherswadio i dynnu'r llenni a'i gweld ei hun, dros dro, drwy'i lygaid o – yr un yr oedd arni'r fath ddyled iddo, dyled na allai byth obeithio'i thalu.

Estynnodd Alun am ei llaw, a'i gwasgu.

'Tasat ti wedi aros yma, lle dylat ti fod, fydda dim o hyn wedi digwydd. 'Nei di mo hynny eto?'

Gadawodd Emma i'w llaw orwedd yn llipa rhwng y ddwy law gref, ac meddai,

'Na. Ond mi fydda'n well gen i tasat ti heb ddeud.'